수렁 속에서도　　별은
　　　　　　　　　보인다

수렁 속에서도 별은
보인다

희망을 위한 아포리즘

강준만 지음

인물과
사상사

# 우리는 모두 봉준호다

2020년 2월 9일(미국 현지 시간) 봉준호 감독의 〈기생충〉이 '아카데미 4관왕'의 기록을 세울 때 한국인은 모두 행복했습니다. 많은 이가 그랬듯이, 저 역시 기쁜 마음으로 관련 기사들을 열심히 읽었지요. 그를 웬만큼 안다고 생각했는데, 새삼 그간 몰랐거나 알고서도 잊었던 그의 과거에 눈길이 갔습니다. MBC는 10일 밤 그의 수상을 기념하기 위해 2019년 6월 방송했던 〈MBC 스페셜-감독 봉준호〉 편을 재방영했지요. 그의 다음과 같은 고백에 어떤 생각이 드셨나요?

"영화 동아리를 할 때는 카메라가 갖고 싶어서 6개

월 정도 학교 매점에서 도넛을 팔았다.""1995년에 결혼해서 2003년 〈살인의 추억〉 개봉까지 굉장히 힘들었다. 대학 동기가 집에 쌀도 갖다줄 정도였다.""첫 영화 〈플란다스의 개〉 시사회 때 영화가 끝나기 전에 자막 올라가기 시작할 때 뛰쳐나왔다. 얼굴이 새빨개졌다. 너무 외롭고 창피했다.""영화 〈괴물〉 촬영 전에는 투자자를 찾기 쉽지 않았다. 영화 〈반지의 제왕〉을 작업한 회사와 예산 때문에 결국 계약이 결렬됐다. 그때 자살하려고 했다. 자살 생각을 정말 많이 했다. 이미 촬영 일정은 발표가 된 상황이었는데, 그렇게 되니 나 자신이 사기꾼처럼 느껴졌다."[1]

저는 엉뚱하게도 미국의 '농구 황제' 마이클 조던이 떠올랐습니다. 그는 "해보는 거야Just Do It"라는 슬로건으로 유명한 나이키의 광고 모델이었지요. 조던을 흠모하고 그 광고 슬로건을 사랑한 수많은 흑인 청소년이 조던처럼 되기 위해 학교 수업까지 빠져 가면서 농구에 미쳐 돌아갔습니다. 그 결과 미국 매출의 3분의 1이 흑인들에게서 나왔지요. 그러나 흑인 청소년이 NBA 경기에서 뛸 수 있는 확률은 13만 5,800분의 1에 지나지 않았습니다. 그래서 일부 지식인들은 조던이 흑인 젊은이들에게 다른 메시지를 주어야 한다며 그를 비판했지요.[2]

저는 그런 비판에 동조하는 글들을 썼던 사람으로서

'확률'에 대해 새삼 많은 생각을 하지 않을 수 없었습니다. 영화를 직업으로 삼고 싶을 정도로 영화를 사랑하는 학생이 봉준호처럼 될 수 있는 확률은 13만 5,800분의 1 이하일 겁니다. 저는 제 주변에서 그런 학생이 제 생각을 묻는다면, 아마도 13만 5,800분의 1 이하라는 확률을 들어 평범하게 사는 것도 좋다고 말해주었을지도 모르겠습니다.

대학생이 자신의 꿈을 위해 학교 매점에서 도넛을 파는 거야 장려할 일이겠지만, 결혼 후에도 집에 쌀이 떨어질 정도로 꿈에만 미쳐 있다면, 더욱 부정적인 말을 했을지도 모르겠습니다. 첫 영화가 참담한 실패로 끝났고, 이후 투자자를 찾지 못해 자신을 사기꾼처럼 느끼면서 자살 생각을 많이 하는 지경에까지 이르렀다면, "살기 위해서라도 꿈을 버리라"고 말했을지도 모르겠습니다.

이제 그런 생각이 봉준호의 성공으로 인해 바뀌었느냐고요? 그건 아닙니다. 저는 여전히 13만 5,800분의 1 이하라는 확률을 중시하는 현실주의자입니다. 제가 정작 관심을 갖는 건 '꿈의 정치학'입니다. 지금 우리는 학생이나 청년에게 꿈을 가지라고 말해도 욕을 먹고, 아예 꿈을 갖지 말라고 해도 욕을 먹는 세상에 살고 있기 때문이지요.

사회학자 엄기호는 "자본주의는 청춘들에게 '꿈'을 꾸라고 강요하고, 그 '꿈'을 실현하려고 하는 사람들의 노동을 거의 공짜로 착취한다"며 "꿈은 자본주의가 청춘에 깔아놓은 가장 잔인한 덫이다"고 말합니다.[3] 그는 어린 학생들도 그런 덫에 갇혀 있다고 개탄합니다. 우리는 학생들에게 "너 하고 싶은 걸 해. 나는 네가 하고 싶은 걸 하면서 행복하게 살았으면 좋겠어"라고 말하지만, 이것이 얼마나 어마어마한 폭력인지에 대해선 잘 모른다는 겁니다.[4] 하고 싶은 일을 할 수 없는 세상에서 그렇게 말하는 건 세상 물정 모르거나 참 무책임한 말이 될 수도 있겠지요.

　　그렇다면 꿈을 갖더라도 자신의 형편에 맞는 꿈을 갖는 게 좋지 않을까요? 그 '가장 잔인한 덫'에 걸리지 않기 위해서라도 말입니다. 그러나 그렇게 말했다간 큰일 나지요. 실제로 한 중학교 교장 선생님이 학생들에게 "형편에 맞는 꿈을 가지라"고 훈시했다가 학생들이 "가난하면 꿈을 크게 갖지 말라는 것이냐"고 반발하는 일이 벌어졌지요.[5] 아예 꿈을 갖지 말거나 꿈에서 깨어나라고 했다간 더 큰 반발이 있었을지도 모를 일입니다.

　　어떻게 해야 할까요? 꿈을 가지라고 해도 문제고, 자신의 형편에 맞는 꿈을 가지라고 해도 문제고, 아예 꿈을 갖지 말라고 해도 문제니 말입니다. 저는 고교생들을 대상으로 강연을 할 때엔 꼭 이런 이야기를 하면서 "꿈은 취향이다"고 주장합니다. 큰 꿈을 갖건 작은 꿈을 갖건 꿈이 아예 없건, 그건 각자 다른 취향의 문제일 뿐 누가 우월하다거나 하는 서열의 문제는 아니라는 거죠.

꿈에 대해 어떤 취향을 갖고 있건, 한 가지 분명한 사실은 우리 인간은 꿈 없인 살 수 없는 '꿈꾸는 존재'라는 점입니다. 그 꿈을 확률을 앞세운 사회과학적인 잣대로 평가하는 건 제3자의 자유일망정 꿈을 가진 주체는 그럴 필요가 없지요. 자수성가한 사람들은 매우 낮은 확률을 이겨냈으며, 실패한 꿈에 대한 책임은 제3자가 지는 게 아니라 꿈을 꾼 자신이 지는 것이기 때문입니다. 이는 사회가 져야 할 책임을 개인에게 떠넘기는 '책임의 개인화'가 아닙니다. 사회가 어떤 책임을 지건 자신의 삶에 대한 결정과 판단은 자신이 내려야 하며 그 책임은 자신에게 귀속될 수밖에 없다는 점을 말하고자 하는 것입니다.

꿈을 둘러싼 논란은 대부분 제3자의 강요나 조언 때문에 빚어지는 것입니다. 꿈을 꾸는 모든 이가 스스로 판단할 수 있게끔 강요나 조언을 삼가는 게 필요합니다. 사실과 의견의 구분도 필요하겠지요. 13만 5,800분의 1 이하라는 확률은 제시해줄 수 있겠지만, 평범하게 사는 것이 좋다고 말할 필요는 없는 겁니다. 자살의 문턱에 서 있는 사람에게 "살기 위해서라도 꿈을 버리라"고 말할 순 있겠지만, 제3자가 그 사람이 처해 있는 상황을 알 길은 없습니다.

우리는 모두 봉준호입니다. 우리 인간은 꿈 없인 살 수 없는 '꿈꾸는 존재'라는 점에서 그렇습니다. 1994년 〈쉰들러 리스트〉로 '아카데미 7관왕'의 기록을 세운 스티븐 스필버그는 "나는 밤에 꿈꾸는 게 아니라 하루 종일 꿈꾼다. 나는 살아가기 위해 꿈을 꾼다"고 했지만, 사실 이 말은 봉준호에게 더 어울리는 말이지요. 성공에 따른 결과론으로 하는 말이 아닙니다. 정반대로, 자신의 꿈 때문에 성공이 아닌 실패의 아이콘으로 떠오른 어떤 인물이 있다면, 똑같이 우리는 모두 그 사람이라고 말할 수 있습니다. 우리 인간의 삶에서 우연과 운의 요소를 배제할 수는 없기에 더욱 그렇습니다. 봉준호도 〈괴물〉의 성공에 대해 "지금 생각해보면 참 무모한 영화다. 운이 좋아 성공했던 것 같다. 천만다행이었다"라고 했지요. 그렇다면, 그의 성공을 필연이었던 것처럼 말할 필요는 없지 않을까요?

미국 과학자 로버트 고다르는 "어제의 꿈은 오늘의 희망이고 내일의 현실이기 때문에 무엇이 불가능하다고 말하기는 어렵다"고 했지요. 아니 불가능하다는 말을 들으면 어떤가요? 꼭 성공해야만 하는 건가요? 삶은 연애와 비슷합니다. 누구의 강요나 압력이 아닌, 나 스스로 선택한 삶의 방식일 때에 진정한 사랑의 마음이 생깁니다. 미국 피아니스트 아르투르 루빈스타인은 "삶을 사랑하면 삶도 당신을 사랑해줍니다"라고 했지요.[6] 말장난처럼 들리지만, 잘 생각해보면 고개를 끄덕일 수 있을 겁니다. 내가 사랑해서 택한 주체적 삶의 방식이 어찌 나를 사랑하지 않을 수 있겠습니까.

스마트폰에 우리의 생각과 사색을 저당 잡힌 최첨단 삶에서 과거의 아포리즘에 기댄 이런 질문은 시대착오적인 것으로 들릴 수도 있겠습니다. 하지만 동시에 생각과 사색 없는 삶은 인간에 대한 배신이라는 믿음을 가진 사람들도 있지요. 최근 『생각 조종자들』, 『생각하지 않는 사람들』, 『생각을 빼앗긴 세계』 등과 같은 제목을 내건 책이 많이 나오는 것도 바로 그런 믿음을 지켜보려는 몸부림이 아닐지요.

두 가지 삶의 방식 가운데 굳이 어느 하나를 선택할 필요가 있을까요? 미국 IT 미래학자 니컬러스 카의 말처럼, 둘 다 하면 안 되는 걸까요? "데이터를 수집하는 효율적인 시간도 필요하지만 생각하는 비효율적인 시간도 필요하다. 휴대폰을 만지는 시간이 필요하듯 한가롭게 정원에 앉아 있는 시간도 필요하다."[7] 사실 다들 이렇게 스스로 알아서 잘하고 있지 않은가요?

우리는 이 두렵고도 지루한 코로나19 사태를 겪으면서 뜻밖에도 이 세상과 인간에 대해 많은 생각을 해보는 기회를 누렸지요. 처음엔 마스크 문제를 비롯해 정부의 무능한 대처에 얼마나 분노했던가요? 그러나 다른 나라들, 특히 선진국들의 처참한 사정이 전해지면서 반전이 일어났지요. 정부를 비롯한 공적 기관에 대한 국민적 신뢰도는 매우 낮았고 의료인과 공무원은 잦은 비판의 대상이 되었습니다만, 이젠 전혀 다른 평가가 나오고 있다는 걸 잘 아시리라 믿습니다. 오히려 찬사와 존경의 대상이 되고 있지 않나요? 한국의 방역이 세계적인 모범 사례로 부각되면서 심지어 '방역 한류'니 'K 방역'이라는 말까지 나오고 있습니다.

　정말 모를 게 세상일인가 봅니다. 모든 면에서 선진국이라고 믿어 의심치 않았던 나라들이 코로나19에 대한 무능하거나 무책임한 대처로 무너지는 걸 지켜보면서 흔들리는 게 하나둘이 아닙니다. '절대평가'와 '상대평가'의 차이를 실감하면서 세상을 보는, 아니 나의 삶을 보는 시각도 그렇게 흔들릴 수 있다는 생각마저 하게 됩니다. 배움엔 끝이 없다는 말이 맞는 것 같습니다. 새삼 "수렁 속에서도 별은 보인다"는 말의 무게를 실감하면서, 희망에 대한 애정과 더불어 더욱 잘해보자는 의지를 다지게 됩니다. 이 책이 그런 희망과 의지를 북

돋을 수 있는 '세렌디피티'의 기회가 되길 바랍니다.

　아무리 독서를 즐기는 사람이라도 인용이 많은 글이나 책은 좋아하지 않습니다. 하지만 우리는 때로 역발상을 껴안기도 합니다. 많은 인용이 싫다면, 아예 인용 중심으로 특화된 책은 어떻겠느냐는 거죠. 다른 쓰임새와 의미가 있다고 생각하면, 오히려 마음이 편해질 수 있지 않을까요? 이런 심정으로 독자들 앞에 다시 섰습니다만, 어찌 생각하실지 궁금하네요.

2020년 5월
강준만

차
례

머리말 우리는 모두 봉준호다  5

01 하루하루를 마지막 날인 것처럼 살라  19

02 나는 고통스러워한다 고로 존재한다  24

03 불행은 치료해야 할 병이 아니다  29

04 잠재적 낙원의 문은 지옥 속에 있다  34

05 어쩌면 불안은 사치인지도 모른다  40

06 세상 사람 모두가 서로를 두려워한다  45

07 성공에 대한 야망은 불안 때문이다  50

08 성공을 원한다면 실패율을 2배로 높여라  55

09 자기 불신은 실패로 가는 지름길이다  60

10 우연이 능력보다 앞서서 행진한다  66

11 모든 것에는 틈이 있다  72

12 원수가 없는 사람은 친구도 없다  77

13 사랑한다 해놓고 사랑하지 않기는 어렵다  82

14 돈보다 섹스가 행복에 훨씬 더 중요하다  87

15 결혼은 포기·희생·후회를 뜻하는 말이다  92

16 돈이면 뭐든지 바꿀 수 있다  97

17 건강과 행복은 전혀 연관성이 없다  102

18 치명적인 병이 삶을 사랑하게 만든다  108

19 나의 망가진 모습을 매일 되돌아보라  113

20 웃음은 부작용 없는 신경안정제다  118

21 천사는 자신을 가볍게 하기 때문에 날 수 있다  123

22 낙관주의자로 사는 것이 더 재미있다  128

23 이름이 바뀌면 향기도 달라진다  133

24 책임은 약자가 지고 용서는 강자가 받는다  138

25 멋진 삶이 최상의 복수다  143

26 나는 나를 위해 용서했다  148

27 과잉 공감에 주의하라  154

28 용기란 작은 걸음들의 축적이다  160

29 습관을 바꾸려면 잘 구슬려야 한다  165

30 스스로 바뀌지 않으면 어떤 것도 바꿀 수 없다  170

31 과감하게 스스로 생각해보도록 하라  175

32 호기심을 거세하는 교육에 희망은 없다  180

33 창의성은 마라톤이다  185

34 오늘의 문제는 과거의 사고로는 풀 수 없다  191

35 최악은 아무런 결정도 내리지 않는 것이다  195

36 움직임과 행동을 혼동하지 마라  201

37 갈등을 해결하지 않으면 갈등이 우리를 해결한다  206

38 돼지와 씨름하지 마라  211

39 평판은 아무 가치 없이 생겨났다가 사라진다  217

40 칭찬은 인간관계를 망친다  222

41 부정행위와 아첨은 혈연관계다  227

42 거짓말이 심할수록 받아들여질 가능성은 높아진다  232

43 위선은 정의감을 만끽하는 기회를 준다  236

44 시간은 모든 것을 파괴한다  241

45 늙는다는 것은 나쁜 습관이다  246

46 매일 이별하며 살고 있구나  251

47 만국의 노바디여 단결하라  256

48 우리가 함께 꿈을 꾸면 현실이 된다  261

49 나의 장례식을 상상해보라  266

50 수렁 속에서도 별은 보인다  271


주  276

# 01

하루하루를 마지막 날인 것처럼 살라

미국 대통령 도널드 트럼프는 워낙 이색적인 인물인지라, 그의 정신 상태는 이 분야 전문가들의 입에 자주 오르내립니다. 급기야 정신의학자와 심리학자 등 미국 전문가 27명이 트럼프의 정신 상태를 분석한 『도널드 트럼프라는 위험한 사례』(2017)라는 책까지 냈지요. 이 책에서 심리학자 필립 짐바르도는 트럼프를 현재의 순간에만 살며 자신의 행동이 가져올 결과나 미래에 대해서는 생각하지 않는 '억제되지 않는 혹은 극단적인 현재 쾌락주의자'로 정의합니다.[8]

과거와 미래에 집착하는 사람들의 어리석음을 경고

하기 위해 현재의 중요성을 역설한 사람이 많았는데, 이들로선 좀 당혹스러울 것 같습니다. 까닥하다간 "트 럼프처럼 되란 말이냐"는 항의를 받을 수도 있으니까 말입니다. 하지만 구더기 무섭다고 장 담그는 걸 포기 할 순 없는 일이지요. 아무리 좋은 말이라도 받아들이 는 사람에 따라 오·남용될 순 있지만, 그렇다고 입 다 물고 살 수는 없지 않느냐는 거죠.

"어제는 역사고 내일은 미지수이며 오늘은 선물이 다. 선물을 프레즌트present라고 하는 것도 그 때문이 다."[9] 나이지리아의 음악가 바바툰드 올라툰지의 말입 니다. '현재'와 '선물' 모두 영어로 present라고 부르 는 걸 겨냥한 재담의 매력 때문일까요? 이와 비슷한 말 이 다른 사람의 이름으로, 또는 작자 미상으로 자주 인 용됩니다.[10]

자기계발 베스트셀러인 『누가 내 치즈를 옮겼을까』 의 저자인 스펜서 존슨도 『선물』(2003)이라는 책에서 비슷한 말을 했지요. "세상에서 가장 소중한 선물은 과 거도 아니고 미래도 아니다. 세상에서 가장 소중한 선 물은 바로 현재의 순간이다. 세상에서 가장 소중한 선 물은 바로 지금이다!"[11]

"하루하루를 마지막 날인 것처럼 살라"고 권하는 이도 많지요. "오늘이 생의 마지막 날인 것처럼 사십시오. 그럴지도 모르잖아요! 사소한 것에 목숨 걸지 마십시오. 그것은 그저 사소한 것일 뿐입니다."[12] 미국 작가 리처드 칼슨의 말입니다. 인도 지도자 마하트마 간디도 "내일 죽을 것처럼 오늘을 살라"고 했습니다.[13] 애플의 스티브 잡스도 2005년 6월 12일 스탠퍼드대학 졸업식 축사에서 췌장암에 걸려 '6개월 시한부 인생'을 선고받았으나 극적으로 회생한 자신의 경험담을 털어놓는 가운데 "매일을 인생의 마지막 날처럼 살아야 한다"고 했지요.[14]

하지만 스위스 작가 롤프 도벨리는 이런 조언이 "듣는 대상을 순식간에 병원으로, 무덤으로, 감옥으로 내몰기 때문에 우려스럽다"고 꼬집습니다. 그는 "미래를 준비하고 위험한 함정들을 제때 알아채고 멀찌감치 돌아가는 것도 좋은 삶에 속한다는 것을 알아야 한다"며 이렇게 말합니다. "때로는 장기적인 계획을 세워라. 그리고 그 계획이 세워지면 현재에 집중하라. 미래의 기억 대신에 현재의 경험을 극대화하라. 아름다운 일몰을 보면 사진 찍는 대신 그 순간을 즐겨라. 멋진 기억이 많다고 행복하거나 좋은 삶을 사는 것은 아니다. 행복이

나 만족은 현재의 상태이기 때문이다. 그러니 지금 체
험하는 것에 집중하자."[15]

슬그머니 웃음이 나오네요. 도벨리는 "하루하루를
마지막 날인 것처럼 살라"는 말을 받아들인 사람이 정
말 오늘을 마지막 날로 알고 내일에 대한 계획도 없이
큰 사고를 칠까봐 염려하는 척하면서도 그 역시 현재
를 강조하고 있으니 말입니다. "하루하루를 마지막 날
인 것처럼 살라"거나 "당신의 장례식을 상상해보라"는
말은 받아들이는 사람이 해석하기에 따라서 여러 의미
를 가질 수 있지요. 독자들을 어린애 취급하는 게 아니
라면, 독자가 알아서 판단하게끔 내버려두는 것도 좋지
않을까요?

사실 과도한 현재주의는 오히려 사회적 차원에서 문
제가 되지요. "지금은 '현재 충격present shock'의 시대다."
미국 미디어 학자 더글러스 러시코프의 말입니다. 미
래학자 앨빈 토플러가 1970년에 말한 '미래 충격future
shock'에 빗대 한 말이지요. 그는 "우리는 산만한 현재
에 머무는 경향이 있다"며 다음과 같이 주장합니다.

"언제든 우리를 궤도에서 벗어나게 하는 수많은 외

적 압박에 그때그때 대응하려다 보니 계획을 세우는 인간의 능력은 퇴화하고 있으며 계획을 지키는 능력은 그에 못 미치고 있다. 우리는 지금 여기에서 굳건히 발 디딜 곳을 찾기보다 동시다발적으로 쏟아지는 자극과 지시에 끊임없이 반응할 수밖에 없는 신세다."[16]

사실 우리는 이미 그런 현실을 충분히 목격하고 있습니다. 트럼프만 문제인 건 아니지요. 한치 앞을 내다보지 않고 목전의 이익과 '지금 이 순간'의 감정에만 집착하는 정치는 참을 수 없는 가벼움과 얄팍함을 드러내고 있지 않은가요? 모두를 위한 계획은 없고 하루하루를 마지막 날인 것처럼 현재의 당파적 이익을 꾀하기 위한 기획과 실천만이 난무하는 시대지요. 하루하루를 마지막 날인 것처럼 사는 거야 개인이 각자 알아서 판단할 문제지만, 권력 집단들이 그래도 되는 건지 모르겠습니다.

**02**

나는 고통스러워한다

고로 존재한다

사랑과 우정 사이에서 고민하는 청춘 남녀가 많습니다. 친한 친구 관계인 남녀가 있다고 가정할 경우, 어느 한 쪽이 자신의 우정이 사랑임을 깨닫는 순간 고민은 시작되지요. 사랑을 고백해 받아들여지면 다행이지만, 거부 당하면 우정도 깨지기 십상입니다. 그러니 어찌 고민이 되지 않겠습니까? 그런 역사적 인물로 18세기 프랑스 철학자 볼테르를 빼놓을 수 없겠네요.

볼테르는 오랫동안 사랑과 우정의 경계를 넘나들던 친구인 샤틀리에 부인에게 정식으로 사랑을 고백했지만 거부당하고 말지요. 그는 흐느껴 울면서 이런 편지를 씁니다. "사람은 두 번 죽소. 이제야 그걸 깨달았지. 누군가를 기쁘게 할 수 없거나 자신이 더이상 사랑스럽지 않을 때 그게 바로 참을 수 없는 죽음이오. 사는 걸 멈추는 것은 오히려 쉽소."[17]

볼테르에겐 사랑만 고통이었던 게 아닙니다. 그는 명성은 얻었지만 사상과 표현의 자유를 역설하고 실천한 죄로 탄압을 피해 영국과 스위스 등에서 망명 생활을 해야 했고, 늘 적들의 비난과 위협에 시달리는 삶을 살았지요.[18] 그는 80대 노인이 되어 자신의 삶을 돌아보면서 "행복은 한 조각의 꿈이며, 고통만이 실재이다"고 말했습니다. "나는 이 사실을 80평생을 경험해서 알고 있으므로 지금은 거의 체념한 상태이다. 지금 나는 혼잣말처럼 이렇게 중얼거린다. '파리가 태어난 것은 거미에게 잡혀 먹히기 위해서인 것처럼 내가 태어난 것은 고뇌의 노예가 되기 위해서였다.'"[19]

어디 볼테르뿐일까요. 수많은 현인이 우리 인간의 삶엔 고통이 흘러넘친다는 걸 증언했습니다. 영국 시인 프랜시스 톰슨은 "우리는 타인의 고통 속에서 태어나 자신의 고통 속에서 죽어간다"고 했고,[20] 프랑스 정신분석가 피에라 올라니에는 "나는 고통스러워한다. 고로 나는 존재한다"고 했지요.[21] 인간인 이상 고통은 피할 수 없다는 뜻인가요?

우리는 가급적 고통 없는 행복을 갈구합니다만, 그런 식으로 고통이 우리의 삶에서 온전히 따로 분리될 수 있는 걸까요? 미국 심리학자 대커 켈트너는 고통과 행복은 분리하기 어렵다고 말합니다. 그는 미국 할리우드 영화인 우디 앨런이 자신의 영화에서 고통과 행복과 사랑이 한데 뒤섞인 모습을 잘 묘사한 바 있다며, 아래 인용문 속에 그 특징이 잘 포착되어 있다고 말합니다.

"사랑은 고통이다. 고통을 느끼지 않으려면 사랑하지 말아야 한다. 하지만 그럴 경우 사랑하지 않는 데 따른 고통이 있다. 따라서 사랑은 고통이며 사랑하지 않는 것도 고통이며 고통스러워하는 것도 고통이다. 행복하려면 사랑해야 한다. 그러므로 행복하려면 고통스럽고, 고통은 사람을 불행하게 한다. 결국 행복하기 위해서 사람은 사랑하거나 고통을 즐기거나 너무 많은 행복에 눌려 고통을 느껴야 한다."[22]

켈트너는 고통과 행복은 분리할 수 없다는 이치에

'우디 앨런 가설'이라는 이름을 붙였습니다. 사실 그런 이름을 붙이지 않더라도 대부분의 사람이 어렴풋하게나마 잘 알고 있는 것이지요. 그래서 "고통이 인간을 성장시켜준다"는 말로 위안을 삼기도 하지요. 그런데 프랑스 철학자 베르트랑 베르줄리는 그런 상식에 이의를 제기합니다. 그는 "고통 속에 잠재하는 악惡을 깨닫는다면 고통 때문에 인간이 얼마나 자주 망가지는지를 알게 될 것이다"며 다음과 같이 주장합니다.

"고통을 통해 인간을 발전시키려는 태도는 인간의 변천 과정을 이해하는 가장 고리타분하고 전제적이며 앙심 섞인 방법이다. 누구든 인간의 친구가 되고자 한다면 그런 식의 방법을 따르지는 않을 것이다. 이는 무엇보다 종교를 대상으로 해주고 싶은 얘기이다. 인간을 창조한 신은 결코 인간의 파괴를 원하지 않는다. 이는, 인간의 잘못을 보상케 하거나 인간을 발전시키기 위해 고통을 추천하는 모든 종교가 간과하는 점이다. 그와 같은 종교는 생명의 신을 피와 보복에 취한 죽음의 신으로 변질시킨다."[23]

그래서 어쩌자는 걸까요? 인간인 이상 고통은 피할 수 없는 것이니, 그걸 성장의 기회로 여기라는 위로가 그렇게까지 욕먹어야 하는 걸까요? 그런데 그의 해법이 뜻밖입니다. 고통을 그냥 견뎌내라는 겁니다. "우리는 행복이라는 것을 종종 고통이 부재하는 상태로 상상한다. 하지만 진실은 그 정반대이다. 견뎌낸다는 의미로, 고통을 감내할 수 있는 것보다 더 큰 행복은 없다."[24]

무슨 말장난인가 싶어 고개를 설레설레 흔들게 됩니다만, 쉽게 생각하기로 합시다. 고통에 '성장'이니 뭐니 하는 자기계발적인 의미를 부여하지 말고, 그냥 참고 견뎌내는 걸 삶과 행복의 일부로 흔쾌히 받아들이자는 제안으로 말입니다. 하긴 모든 게 생각하기 나름이지요. 자신의 고통에 대해 "행복은 한 조각의 꿈이며, 고통만이 실재이다"라고 말할 수도 있겠지만, 이왕이면 "나는 고통스러워한다. 고로 나는 존재한다"고 말하는 게 좀더 있어 보이지 않나요?

# 03

천재는 고독합니다. 평범한 인간관계를 맺기도 어렵고 좋은 성격을 갖기도 힘들지요. 이를 잘 보여준 대표적 인물이 영국 철학자 제러미 벤담입니다. 1748년 중류층의 토리당(보수당) 지지자 가정에서 태어난 벤담은 법률가였던 할아버지와 아버지의 지도로 어린 시절부터 엄격한 교육을 받았습니다. 그는 5세가 될 무렵부터 '철학자'라는 애칭을 얻었지만, 일상적인 교우 관계도 맺지 못하고 공부에만 매달려야 했던 어린 시절을 매우 끔찍했던 시기로 회상했지요. 그런 이유 때문이었을까요? 그는 메말랐다고 해도 좋을 정도로 지나치게 이지적인 사람이었습니다. 그래서 행복마저도 수학적으로 보았고, 이른바 '최대 다수의 최대 행복'을 내세운 공리주의功利主義의 창시자가 되었지요.[25]

그런 벤담이 간접적으로나마 동아시아권에 '행복幸福'이란 단어를 선물한 주인공이었다는 게 흥미롭습니다. 19세기 중반 메이지유신 때 일본인들은 벤담의 '최대 다수의 최대 행복'을 번역하면서 고민했다지요. 일본어에 영어의 'happiness'나 프랑스어의 'bonheur'에 해당하는 단어가 없었기 때문에 '행幸'과 '복福'을 합성해 억지로 만들어낸 말이 바로 '행복'이었다고 합니다. 한국에서는 개화기 시절의 신문이었던 『한성주보』 1886년 10월 4일자에 '행복'이란 낱말이 처음 등장했습니다.[26] 혹 이런 이유로 인해 우리의 행복관이 지나칠 정도로 공리주의에 물든 건 아닌지 살펴볼 필요가 있겠습니다.

"생활수준은 알코올이나 마약과 비슷한 면이 있다." 영국 경제학자 리처드 레이어드의 말입니다. "새로운 행복을 경험하게 되면, 그것을 유지하기 위해 더 많이 가져야 한다. 일종의 쳇바퀴를 타는 셈이다. '쾌락'이란 쳇바퀴를. 행복을 유지하려면 계속 쳇바퀴를 굴려야 한다." 그는 인간의 물질적 욕망엔 이른바 '만족점satiation point'이 있다며 평균 연간 개인 수입이 2만 달러가 넘는 나라에서 그 이상의 수입은 행복과 아무런 관련이 없다는 이른바 '레이어드 가설'을 제시했지요.[27]

"행복은 사람들이 아주 느끼기 어려운 감정입니다." 미하이 칙센트미하이의 말입니다. 이른바 '몰입沒入 전문가'인 그는 사람들은 몰입을 통해 행복감을 느끼게 된다고 주장합니다. "어떤 과업에 몰입한 상태에서는 정작 행복이나 불행을 느끼지 못하지만 과업이 끝나고 이에 대한 피드백을 받으면 자신의 잠재력이 확장되는 느낌을 받죠. 나아가 몰입으로부터 파생되는 에너지는 창의력과 문화 발전으로까지 연결됩니다."

한국인들은 일에 몰입하면서도 행복감은 매우 낮다는 점을 감안할 때에 이 말이 예사롭지 않게 들립니다. 몰입은 하지만, 그 성과가 만족스럽지 못하고, 따라서 긍정적인 피드백을 받기 어렵기 때문이 아닌가 싶네요. 긍정적인 피드백을 받는다 하더라도 몰입이 '중독'으로 발전하면 어쩌나요? 칙센트미하이는 모차르트는 작곡에 지나치게 몰두한 나머지 요절했다며 "몰입 상태를 경험할 수 있는 방법을 다양화해야 한다"고 강조했습

니다.[28]

  몰입을 하더라도 다양하게 하라는 이야긴데, 산 너
머 산이라는 생각이 듭니다. 몰입도 쉽지 않은 일인데,
그걸 또 다양한 방법으로 해야 한다니 말입니다. 결국
행복은 사람들이 아주 느끼기 어려운 감정이라는, 원래
했던 이야기로 되돌아가네요. 그럼에도 이걸 깨닫는 것
만으로도 위로가 되긴 하네요. 내가 느끼지 못하는 감
정을 다른 사람들도 아주 느끼기 어려운 것이라고 하니
말입니다.

  "행복은 거대 산업이 되었으며 지나치게 상업화되
고 있다." 미국 심리학자 앤서니 그랜트의 말입니다. 그
는 "행복을 주제로 콘퍼런스가 열리고 행복에 관한 논
문이 매년 2,000편 이상 쏟아지고 행복해지는 법을 알
려주는 책이 넘쳐나며 대학교에서까지 행복에 관한 강
의를 한다"며 이렇게 말합니다. "코카콜라 캔에 '행복'
이라는 단어가 들어가고, '스마일리'를 넣어 '행복한 금
융'을 강조하는 은행 광고까지 등장했다! 이제 행복은
대중문화 속으로 스며들어 긍정적으로 살아야만 한다
고 강조한다. 행복해지고 명랑 쾌활해지라고 사방에서
강요를 넘어 압박까지 하고 있다."[29]

"하나의 새로운 계급을 형성하기에 충분할 정도로 지금 미국엔 인위적으로 행복한 사람들이 많이 존재한다."[30] 로널드 드워킨의 말입니다. 이색적이게도 마취의사인 동시에 정치학 박사인 드워킨은 불행을 치료해야 할 질환으로 간주하는 의사들과 행복이 종교의 사명인 양 행복 전도사 노릇을 하는 종교인들을 비판했지요. 그런 식의 맹목적 행복 추구는 삶의 근본적인 진실을 무시하거나 회피하게 만들며, 불행을 낳는 실망과 슬픔과 고통도 우리 삶의 불가피하거니와 필요한 요소들이라는 게 그의 주장입니다.

불행은 치료해야 할 병이 아니라는 말이 가슴에 와 닿습니다. 사실 따지고 보면 드워킨의 행복론이 더 현실적입니다. 1년 365일 내내 화창한 날씨만 계속되면 화창한 날씨가 무어 그리 대단하겠습니까? 그와 마찬가지로 실망과 슬픔과 고통도 곁들여져야 행복의 기쁨도 커지는 게 아닐까요? '고통의 최소화'와 '쾌락의 극대화'라는 공리주의적 행복의 원리가 거대 행복 산업에 의해 부풀려졌다는 걸 깨닫는 게 행복으로 가는 첫걸음이 아닐까요?

# 04

## 잠재적 낙원의 문은 지옥 속에 있다

영국 철학자 버트런드 러셀이 쓴 글 중에 「우리는 왜 작은 사고를 즐기는가」라는 글이 있습니다. 타고 가던 기차가 눈사태를 만나 하루 종일 꼼짝달싹 못하게 된다거나 자기 발도 보이지 않을 만큼 지독한 안개에 휩싸이는 작은 사고를 당하면 사람들이 놀라울 정도로 달라지더라는 이야기입니다. 모두가 비슷한 감정을 느끼면서 생면부지의 낯선 사람들에게 말을 걸기 시작하고 우호적인 자세를 취하게 된다는 것이지요. 그는 철학자답게 이런 희망을 피력합니다. "만약 평소에도 집단 정서를 느끼는 상태로 살 수 있다면 우리 모두가 항상 행복

하고, 항상 협조적이고, 항상 권태에서 해방되어 있을 것이다."³¹

  재난은 그런 작은 사고가 아닙니다. 결코 즐길 수 없는 공포와 죽음의 재앙이지요. 그럼에도 우리 인간은 그 어떤 폐허에서도 희망을 포기하지 않는 강인한 존재입니다. 미국 사회학자 찰스 프리츠는 자신의 제2차 세계대전 참전 경험을 바탕으로 재난 연구에 몰두한 끝에 재난이 가져오는 '공동체적 일체감'에 대해 말합니다. 많은 사람이 위험과 상실과 박탈을 함께 겪음으로써, 집단적인 연대감이 생기고, 친밀한 소통과 표현의 통로가 나타나며, 든든한 마음과 서로를 물심양면으로 도우려는 의지가 샘솟는다는 것이지요.³²

  미국 작가 리베카 솔닛은 『이 폐허를 응시하라』(2009)는 책에서 프리츠의 그런 관점을 이어받아 5건의 대재난을 탐사한 후 같은 결론을 내립니다. 그는 오해의 소지를 염려해 "재난을 환영하자는 게 아니다"는 점을 강조하면서, 재난에서 나타난 '희망과 관용과 연대의 힘'이 평소에도 작동하는 세상을 꿈꿉니다. "세상은 그런 기반 위에 세워질 수 있으며, 그렇게 된다면 일상적인 고통과 외로움, 위기의 순간에 살인적인 두려움과 기회주의를 낳는 오랜 분열을 일소할 수 있을 것이다."[33]

물론 다른 견해도 있기는 합니다. 남아공 작가 헤인 마리스는 재난이 사람을 차별하는 현상에 주목하면서 이렇게 말합니다. "재난은 사람을 차별하지 않는다는 영원한 허상을 버려라. 그리고 재난은 모든 걸 '사회적으로 평등하게' 쓸어간다는 생각도 버려라. 전염병은 쫓겨나서 위험 속에서 생계를 꾸려야 하는 사람들을 집중 공격한다. 에이즈도 마찬가지다."[34]

캐나다 작가 나오미 클라인은 『쇼크 독트린: 자본주의 재앙의 도래』(2007)라는 책에서 재난이 자본주의적 탐욕의 '멋진 기회'가 되는 현상을 가리켜 '재난 자본주의disaster capitalism'라고 부르면서 이렇게 말합니다. "얼마 전만 해도 재난은 사회적 단합이 일어나는 시기로 여겨졌다. 즉, 하나로 뭉친 지역사회가 구역을 따지지 않고 합심하는 보기 드문 순간이었다. 그러나 재난은 점차 정반대로 변하면서 계층이 나뉘어 있는 끔찍한 미래를 보여주었다. 경쟁과 돈으로 생존을 사는 세상 말이다."[35]

즉, 극심한 빈부격차로 인한 주거지역의 완전 분리

가 재난의 평준화 효과를 사라지게 했다는 것이지요. 그는 이 책의 출간 후 가진 한 공개 강연에서 "극단적 위기 상황에서 우리는 우리가 누구인지, 우리가 어디에 있는지 알지 못한다. 우리는 아빠를 찾는 아이가 된다"고 말했습니다. 이에 대해 솔닛은 "좌파에서 나온 것치고는 참으로 맥 빠지는 관점"이라며 "클라인이 프리츠를 읽었더라면!"이라고 유감을 표합니다.[36]

단기적으로 보자면 클라인의 말이 맞을 수도 있지요. 노르웨이의 재난심리학자 존 리치는 화재나 여객선 침몰 같은 심각한 긴급 상황에서 대다수 사람은 살아서 빠져나갈 방법을 생각하기보다는 '얼어붙는' 경향이 있다는 점을 발견했습니다. 당황한 탓에 뇌에서 새로운 정보를 처리하기 어려워져 무엇을 해야 할지 적절히 생각하지 못한다는 겁니다.[37]

그러나 재난의 피해자들이 내내 얼어붙어 있는 건 아닙니다. 재난의 성격에 따라 다를 순 있겠습니다만, 시간이 흐르면서 솔닛이 말한 '희망과 관용과 연대의 힘'을 보여줍니다. 재난이 사람, 즉 사람의 계급을 차별하는 현상이 있는 건 분명하지만, 그런 계급의 차이를 넘어서는 재난도 있지요. 때로 재난은 국경도 넘어서고

앙숙들끼리도 손을 잡게 만듭니다.

"눈물이 우리의 공동 언어가 될 줄 누가 생각했겠습니까?" 그리스 아테네에서 터키의 텔레비전 방송사 기자가 마이크에 대고 외친 말입니다. 이에 대해 독일 사회학자 울리히 벡은 이렇게 말합니다. "이 말은 20세기 말 연이어 발생한 대지진이 180년간 숙적이었던 전통적인 두 '원수 국가'를 화해시킨 힘든 사건에 대한 그의 논평이었다."[38]

솔닛은 "이 시대의 잠재적 낙원의 문은 지옥 속에 있다"고 말합니다.[39] 전염병은 다른 사람들과의 접촉을 차단하게 만드는 재난이기에 다르지 않느냐고 볼 수도 있겠습니다만, 마음속의 연대까지 끊지는 못합니다. 오히려 우리는 '코로나19 사태'로 인해 공포감을 갖는 동시에 강한 '공동체적 일체감'도 느끼게 되지 않았나요? 그간 우리 사회는 정치적 분열과 증오의 소용돌이에 휘말려 있었습니다만, 이 사태가 심각해지면서 그런 분열과 증오는 비교적 하찮은 것임을 깨닫게 되지 않았나요?

영어로 뜻풀이를 해보자면, '재난disaster'은 '별astro'이

'없는dis' 상태를 가리킵니다. 망망대해茫茫大海에서 별을 보고 항로를 찾던 선원들에게 별이 사라진다는 건 곧 죽음을 의미하는 것일 수도 있지요. 마찬가지로 절망 속에서 나아가야 할 방향을 잃은 개인은 극심한 혼돈과 무기력에 빠질 수 있습니다. 그러니 어찌 별을 바라보는 걸 멈출 수 있겠습니까? "수렁 속에서도 별은 보인다"는 말이 있지요. 우리가 빠진 재난의 수렁 속에서 '희망과 관용과 연대의 힘'이라는 별을 보면서 극복의 의지를 다져나가는 동시에 새로운 삶의 방식도 찾아나서야 하지 않을까요?

**05**

연예인들의 병으로만 알았던 공황장애 환자 수가 급증하고 있다고 합니다. 건강보험심사평가원 통계를 분석한 결과, 2015년 11만 1,109명이던 공황장애 환자 수가 2016년 12만 7,053명, 2017년 14만 4,943명, 2018년 16만 8,636명으로 3년간 51퍼센트나 늘었고, 같은 기간 20대 환자는 101퍼센트 급증했다는군요. 정신건강의학과 진료 기록이 남지 않는 심리상담소나 한의원을 찾거나 진료 받지 않은 환자를 포함하면 40~60만 명에 이른다는 의료계 추산도 있다고 합니다. 이게 과연 개인의 문제일까요? 공황장애는 심약하고 예민한 '개인의 병'이 아니라 사회 전반에 걸쳐 불안이 만연한 '불안사회의 질병'이라는 분석이 나오고 있습니다.[40]

왜 우리는 불안해하는 걸까요? "사람이 짐승이거나 천사였다면 불안을 느끼지 못할 것이다. 사람은 짐승이며 동시에 천사이기 때문에 불안을 느낄 수 있고, 불안이 클수록 더 위대한 사람이다." 덴마크 철학자 쇠렌 키르케고르의 말입니다. '불안이 클수록 더 위대한 사람'이라니, 이게 말이 되나요? 불안을 심하게 느끼는 사람을 안심시키기 위해 한 말은 아닐까요? 그런 의문이 들긴 하지만, 그가 말하고자 하는 것은 '불안 관리'의 필요성입니다. "불안을 전혀 모르거나 혹은 불안에 파묻혀서 파멸하지 않으려면 누구나 반드시 불안에 대해 알아가는 모험의 과정을 겪어야 한다. 따라서 적당히 불안해하는 법을 배운 사람은 가장 중요한 일을 배운 사람이다."[41]

"태어난다는 행위는 불안을 최초로 경험하는 것이고, 따라서 출생은 불안의 근원이자 원형이다."[42] 정신분석의 창시자인 오스트리아 정신병리학자 지그문트 프로이트의 말입니다. 그러나 그대로 다 믿을 말은 아닙니다. 그는 연구 과정에서 계속해서 불안에 대해 스스로 모순되는 말들을 했으며, 급기야 말년작인 『불안의 문제』(1936)에선 이런 고백을 했으니까요. "이렇게 많은 노력을 기울였는데도 여전히 가장 기본적인 문제를 파악하기가 어렵다니 거의 수치스럽기조차 한 일이다."[43]

불안에 대해 수많은 사람이 수많은 말을 했지만, 불안의 정체를 밝히는 게 그만큼 어렵다는 말로 이해하면 되겠습니다. 실존주의자들은 불안에 대해 따지기보다는 아예 불안을 껴안았습니다. 미국의 실존주의 심리학자 롤로 메이는 이렇게 말했지요. "오늘날에도 우리는 주요 위험이 물리적인 적의 이빨이나 발톱에서 온다고 생각한다. 사실은 대체로 심리적이고 넓게 보면 정신적인 것인데 말이다.……우리는 이제 (멸종동물인) 검치호랑이나 마스토돈에게 당하는 게 아니라 자존감의 상처, 무리에서 당한 배척, 또는 경쟁에서 겪은 패배에 스러진다. 불안의 형태는 바뀌었으나 불안의 경험은 거의 달라지지 않았다."[44]

"불안은 걱정이 아니다. 걱정은 불안이 아니다." 프랑스 철학자 베르트랑 베르줄리의 말입니다. 그는 "이유는 간단하다. 걱정은 심리학적 상태이며, 불안은 존재론적 상태이다. 이 둘 사이에는 철학과 병리학 사이를 가르는 깊은 구덩이가 존재한다"며 이렇게 말합니다. "하이데거에서 사르트르에 이르는 실존주의적 사상들은 하나같이 '불안'을 토대로 사색을 전개했으며, 객관적으로 독립된 의식은 없고 오로지 살아 숨쉬며 반응하는 의식만이 존재함을 역설해왔다."[45]

실존주의와 무관하게 '불안과의 화해'를 역설한 이가 많습니다. "불안은 자연스러운 심리로 받아들인다면 불안과 대립하지 않고 사이좋게 살 수 있다."[46] 미국 작가 테일러 클락의 말입니다. "불안이 꼭 나쁜 것만은 아니다. 우리가 풀리지 않는 문제에 집중해야 하거나 문제 해결을 위해 에너지를 쏟아야 할 때 불안은 의미 있는 목적을 수행한다."[47] 미국의 심리상담 전문가 로리 애슈너의 말입니다.

"'공연한 불안'에 대처하는 내 나름의 해결책은 걱정거리의 내용을 노트에 구체적으로 적는 일이다." 문화심리학자 김정운의 말입니다. "제목을 붙여 적다 보면 걱정거리는 '개념화'된다. 내 걱정거리의 대부분은 아무 '쓸데없는 것'임을 바로 깨닫게 된다. 아주 기초적인 셀프 '인지 치료'다. 간단한 덧셈과 뺄셈은 암산으로 가능하다. 그러나 복잡한 계산은 노트에 수식을 적어가며 풀어야 한다. 마찬가지다. 다양한 경로로 축적된 '공연한 불안' 역시 '개념화'라는 인지적 수식 계산을 통해 처리해야 한다. 생각이 복잡할 때 자신도 모르게 중얼거리는 이유는 바로 이 '개념화'가 일어나기 때문이다."[48]

불안에 관한 많은 명언 중 가장 위로가 되는 건 미국 작가 스콧 스토셀의 말이 아닌가 합니다. "어쩌면 불안은 사치인지도 모른다. '진짜' 공포에 사로잡히지 않았을 때에만 누릴 수 있는 감정이라는 점에서." 그는 이미 1880년대에 미국 철학자이자 심리학자인 윌리엄 제임스가 했던 주장이라고 밝히면서 이렇게 말합니다. "어쩌면 중세 유럽인들은 (현대인들과는 달리) 두려워해야 할 진짜 위협이 너무 많았기 때문에 불안해할 여유가 없었을지 모른다."[49] 이렇게 자위하는 게 좋지 않을까요? 불안은 인간의 영원한 조건이라고 하니 불안을 다독여가면서 적당히 불안해하는 게 유일한 답이겠지요.

# 06

## 세상 사람 모두가 서로를 두려워한다

노르웨이의 화가 에드바르 뭉크의 대표작 〈절규〉(1893)
는 워낙 유명해 미술을 잘 모르는 사람들에게도 익숙한
그림입니다. 그는 실존의 고통과 공포를 예술로 승화시
킨 이 그림에 대해 설명한 글에서 이렇게 말했습니다.
"친구들은 저 앞으로 걸어가고 있었고 나만이 공포에
떨며 홀로 서 있었다. 마치 강력하고 무한한 절규가 대
자연을 가로질러가는 것 같았다."[50]

뭉크의 삶 자체가 그러했지요. 그는 정신질환을 비
롯해 많은 질병과 불안, 고립 속에서 살았습니다. "질병

과 정신착란, 그리고 죽음은 요람 위에서 나를 굽어보는 검은 천사들이었다"고 말했을 정도였으니까요.[51] 의학자 필립 샌드블롬은 〈절규〉가 정신분열증적 영향을 받은 것 같다고 주장합니다. "이 노르웨이의 위대한 거장은 흥분된 붓 터치로 고문받는 듯한 한 인물을 그렸다. 인간관계 속에서의 불안정과 지독한 불안이라는 내면의 감정들이 그를 통해 드러나고 있다."[52]

뭉크가 느낀 공포의 정도가 심하긴 했겠지만, 공포는 인간의 기본 조건이라는 게 많은 사상가의 주장입니다. 독일 철학자 프리드리히 빌헬름 니체는 "공포라는 것은 인간의 타고난 감정이고 근본적 감정이다. 공포로부터 모든 것, 타고난 죄와 타고난 덕이 설명된다"고 했습니다.[53] 미국 정치학자 해나 아렌트는 "공포는 생존에 절대 필요한 감정이다"고 했지요.[54]

그럴망정 공포는 그 속성상 부풀려지기 마련이어서 우리를 끊임없이 괴롭힙니다. 그래서 많은 이가 공포를 넘어서자고 역설했습니다. 미국 철학자 랠프 월도 에머슨은 "당신이 두려워하는 일을 하라. 그러면 두려움의 죽음은 확실해진다"고 했고,[55] 영국 철학자 버트런드 러셀은 "공포는 미신의 주요 근원이며 잔인성의 주요 근원 중 하나이다. 공포를 정복하는 것이 지혜의 시작이다"고 했지요.

 "우리가 두렵게 생각해야 할 유일한 것은 두려움 그 자체다." 미국 제32대 대통령 프랭클린 루스벨트가 1933년 3월 4일 취임 연설에서 대공황 극복 의지를 밝히며 한 말입니다. 이는 인구에 많이 회자膾炙되고 있는 명언이지만, 원조는 "두려움만큼 두려워해야 할 것은 아무것도 없다"고 말한 초월주의 작가 헨리 데이비드 소로이지요.[56] 소로의 글은 1851년에 발표된 것인데, 이 또한 독창적인 것은 아닙니다. 이미 오래전 영국에서 비슷한 글들이 발표되었거든요. 1623년 철학자 프랜시스 베이컨, 1831년 군인이자 정치가인 아서 웰즐리도 거의 비슷한 말을 했습니다. 그러나 기억되는 건 오직 루스벨트뿐이지요.[57]

 "두려움은 피하는 게 아니라 이해해야 할 대상이다." 인도 사상가 지두 크리슈나무르티의 말입니다. "도망치거나 통제하고 억압하려 하거나 저항하려 들기에 앞서 먼저 두려움의 실체를 이해해야 한다. 즉, 두려움을 그대로 바라보고, 연구하고, 맞닥뜨려야 한다."[58]

"우리가 두려움에 직면했을 때 보이는 반응은 대부분 작고 힘없는 어린아이였을 때 형성된 것이다." 영국 심리학자 재키 마슨의 말입니다. "어른이 되면서 위협에 대처할 힘도 점점 강해지는데, 우리는 이를 무시한 채 여전히 어릴 때 그대로의 반응을 보인다. 그 결과 위협 자체에 비하여 지나치게 큰 두려움을 느끼게 되는 것이다."[59]

　"공포에서 벗어나는 유일한 길은 공포와 맞서 싸우지 말고 공포를 내 마음 안에 식구로 받아들이는 겁니다." 정신분석의 정도언의 말입니다. "공포는 자연스러운 감정이고 건강한 반응입니다. 공포를 성취욕으로 바꾸면 그것을 이겨낼 수 있습니다. 공포를 공황으로 변질시키면 지는 겁니다.……공포를 이겨내기 위해서는 왜 내가 그 공포를 느끼게 되었는지를 피하지 말고 직면해서 알아내야만 합니다. 알아낸 다음에 조금씩 그동안 회피하던 일들을 해나가야 합니다. 실수해서 넘어지면 일어나서 다시 하면 됩니다."[60]

　이 조언들을 종합하자면, 공포를 벗어나는 첫걸음은 공포에 대한 '이해'와 '탐구'로 압축될 수 있겠네요. 동물에겐 공포가 없다지요. 미국 소설가 존 스타인벡의 다음 말을 믿고 공포를 좀 우습게 보면 어떨까요? "아마 세상 사람 모두가 서로를 두려워하고 있을 것이다."[61] 어떤 유형의 공포건 그게 다 불가피한 것이라고 자위한다면, 공포의 강도가 조금이나마 누그러들 수 있지 않을까요?

**07**

성공에 대한 야망은
불안 때문이다

당신은 도덕적인 사람인가요? 그렇다면 그만큼 성공
과는 거리가 먼 사람이라고 말해도 무방할 겁니다. 부
유하면서 악하거나 가난하면서 덕성스러울 수는 있지
만 부유하면서 덕성스러울 수는 없다는 것이지요. 이
런 주장을 책을 통해 본격적으로 내놓은 최초의 인물은
18세기 영국의 의사이자 사상가인 버나드 맨더빌이지
요.[62] 미국 사회학자 스티븐 맥나미는 "높은 도덕성은
부와 성공에 방해가 된다"고 단언하는데,[63] 사실 이런
주장은 널리 퍼져 있는 세간의 상식 아닌가요?

그렇다면 성공한 사람은 모두 부도덕한 사람일까요? 그렇진 않습니다. 그렇게 말해서도 안 되고요. 도덕이 성공에 장애가 된다는 건 그럴 가능성이 높다는 것일 뿐, 한 치의 오차도 없는 법칙은 아니니까요. 너무 심각하게 생각할 필요도 없습니다. 미국 코미디언 에드 윈의 다음 말에 웃어 보는 건 어떨까요? "성공의 2대 비결은 행운과 사취詐取다." 벗겨먹을 수 있는 누군가를 찾아내는 행운이 있어야 성공할 수 있다는 뜻이지요.

"성공이 많은 사람을 망쳤다." 미국 정치가이자 발명가인 벤저민 프랭클린의 말입니다. 미국 금주법 시대(1920~1933)의 사교계 스타였던 텍사스 기난은 이 말을 더욱 실감나게 표현했습니다. "성공이 총알보다 많은 사람을 죽였다." 미국 칼럼니스트 신디 애덤스도 비슷한 말을 했지요. "성공은 많은 인간을 실패하게 만들었다."[64]

"성공만큼 큰 실패는 없다."[65] 영국 역사가 아널드 토인비의 말입니다. 성공은 도전을 이겨내는 것이지만, 성공 다음에 새로운 도전에 직면했을 때 과거에 성공했던 낡은 방식으로 대응할 가능성이 높고, 그렇게 하면 실패하게 된다는 뜻이지요.

"당신을 이곳으로 인도한 것이 미래에 당신을 그곳으로 인도하지는 못한다." 미국 작가 마셜 골드스미스의 말입니다. 그는 성공한 사람들이 저지르는 가장 큰 실수는 "나는 성공했다. 이러한 방식으로 행동했기 때문이다. 나는 앞으로도 계속 성공할 것이다. 왜냐하면 이 방식을 계속 고수할 것이기 때문이다"라고 단정 짓는 것이라고 말합니다.[66]

"성공에 대한 야망은 우리 내면의 불안을 극복하려는 데서 기인한다."[67] 오스트리아 정신의학자 알프레트 아들러의 말입니다. 경쟁심이 강한 사람일수록 내면에 더 강한 불안이 내재해 있고, 때문에 자신이 우위에 있음을 보임으로써 내면의 콤플렉스를 상쇄하려고 든다는 것이지요. 스위스 정신분석학자 메다드 보스도 "불안은 자기 실현의 원동력이다"고 했지요.[68] 그러니 "성공한 사람=불안한 사람"으로 봐도 크게 틀리진 않을 겁니다.

성공과는 거리가 먼 사람의 '정신 승리'가 아니냐고 할 수도 있겠지만, 사실이 그런 걸 어쩌란 말입니까? 영국 작가 새뮤얼 존슨은 "나는 늘 성공을 희망하기보다는 실패를 두려워해왔다"고 했는데, 성공한 사람들

중 속으로나마 "나는 그렇지 않다"고 주장할 수 있는 사람이 과연 얼마나 될까요?

"성공은 결과이지 목표가 아니다." 프랑스 작가 귀스타브 플로베르의 말입니다. "하고 싶은 걸 할 때에 성공할 수 있다. 성공할 수 있는 다른 방법은 없다." 미국의 잡지 발행인 맬컴 포브스의 말입니다. "나는 성공을 추구한 적이 없다. 자신을 찾아서 맹렬하고 사납게 덤벼든 것. 그것이 성공이 되었다."[69] 위험한 전쟁터를 취재하는 여성 종군기자이자 공격적인 인터뷰로 유명한 이탈리아 언론인 오리아나 팔라치의 말입니다.

이 세 명언은 "성공한 사람=불안한 사람"이라는 시각을 부정합니다. 그냥 좋아서 열심히 하다 보니 성공했을 뿐, 애초부터 성공 자체엔 관심이 없었다는 것이지요. 뭔가 불안해서 미친 듯이 일한 게 아니냐는 반론도 가능하겠지만, 너무 '불안 결정론'으로 가진 맙시다. 불안해하더라도 영국 작가 조지 버나드 쇼의 이런 불안이 바람직하지 않을까요? "나는 성공을 두려워한다. 성공했다는 것은 짝짓기에 성공한 순간 암컷에게 잡아먹히는 수컷 거미처럼, 이 땅에서 내가 할 일이 이제 없어졌다는 뜻이다. 나는 목표를 앞에 놓고 끊임없이 나아가는 상태가 좋다."[70]

목표를 앞에 놓고 끊임없이 나아가는 게 싫다면 브라질 소설가 파울로 코엘료가 추천하는 '마음 비우기'는 어떤지요? "성공이란 무엇인가? 성공이란 매일 밤당신의 평화로운 영혼과 함께 잠자리에 들 수 있는 것이다."[71] 독일계의 프랑스 의사이자 사상가인 알베르트슈바이처의 성공법도 음미해볼 가치는 있지 않을까요? "성공은 행복의 열쇠가 아니다. 그러나 행복은 성공의열쇠다."[72] 그렇다고 해서 우리 내면의 불안을 극복하기 위해 성공에 대한 야망을 갖는 걸 포기할 필요는 없겠지요. 다만, 그런 야망이 없어도 불안과 화해할 수 있는 길이 있다는 걸 잊지 말자는 겁니다.

# 08

## 성공을 원한다면 실패율을 2배로 높여라

혹 '망비보'라는 말을 들어보셨나요? '망하면 비로소 보이는 것들'의 준말이라고 합니다. 2020년 1월 서울 강남의 한 강연장에선 '망비보' 강연 대회가 열렸습니다. 실패한 사람들의 경험담을 털어놓는 행사였죠. 5명의 연사가 들려준 말 가운데 다음 2개가 가장 인상적입니다. "다시 일어설 에너지가 있을 때 쓰러져야 하는데, 쓰러지지 않으려고 버티다 보면 재기할 에너지마저 다 잃게 되거든요." "주변에 망한 사람이 있다면 위로한답시고 술을 사주지 마세요. 현금을 주세요. 단돈 5만 원이라도 좋습니다."[73]

"1,000걸음 나아가다 999걸음 물러나는 것, 그것이 바로 전진이다."[74] 스위스 철학자 헨리 프레데리크 아미엘의 말입니다. 오늘날엔 이런 자세, 즉 실패를 견디고 일어서는 힘을 가리켜 '실패 내성failure tolerance'이라고 하지요. 상담심리사 선안남은 이렇게 말합니다. "안정적이고 높은 자존감을 가진 사람들은 실패 내성도 안정적이고 높다. 실패에 걸려 넘어지기보다는 실패를 발판삼아 더 높이 뛰어오를 기회를 찾을 줄 안다. 반면에 불안정하고 낮은 자존감을 가진 사람들은 작은 실패에도 세상 모든 것이 무너진 듯한 반응을 보인다."[75]

"나는 실패한 것이 아니라 아직까지 작동하지 않는 만 가지의 실험을 해보았을 뿐이다." 미국 발명가 토머스 에디슨의 말입니다. 에디슨의 후예가 나타났으니, 그는 바로 IBM 창업자인 토머스 왓슨이지요. "성공을 원한다면 실패율을 2배로 높여라"고 외쳤던 그는 실험에 실패해 1,000만 달러를 날려 해고될 것을 각오하고 있던 젊은 중역에게 이렇게 말했다고 합니다. "너무 심각해 하지 말게. 우리는 자네를 교육시키는 데 1,000만 달러를 쓴 것뿐이야!"[76]

"내가 젊었을 때 내가 한 일의 90퍼센트는 실패로

돌아갔기에 나는 10배 더 노력했다." 영국 작가 조지 버나드 쇼의 말입니다. '10배'는 과장인 것 같고, '더욱 노력'하자는 걸로 이해하는 게 좋을 것 같습니다. "성공이 종착역이 아니듯 실패가 끝이 아니다. 중요한 것은 끈질긴 용기다." 영국 정치가 윈스턴 처칠의 말입니다. 끈질긴 용기를 잃지 말자는 말에 어찌 시비를 걸 수 있겠습니까?

"시도가 실패한다고 해도 무슨 상관인가? 모든 인생은 결국에는 실패한다. 우리가 할 일은 시도하는 과정에서 즐기는 것이다."[77] 영국 탐험가 프랜시스 치체스터가 66세에 세계일주 항해를 마친 뒤에 한 말입니다. 멋진 말이긴 한데, 각자 자신이 처한 사정에 따라 누울 자리 보고 발 뻗는 게 좋을 것 같다는 생각이 드네요.

"성공이란 일의 99퍼센트를 차지하는 실패를 통해 얻을 수 있는 1퍼센트의 결과를 말하는 것이다."[78] 일본의 혼다자동차를 창업한 혼다 소이치로의 말입니다. "창의력은 순전히 생산성의 결과다. 히트작의 수를 늘리고 싶으면 실패작의 수도 같이 늘리는 모험을 해야만 한다. 가장 많이 실패한 사람이 결국에는 가장 성공한 창조자가 된다."[79] 미국 심리학자 딘 키스 사이먼튼의 말입니다.

"빨리 실패하고 자주 실패하라." 미국 실리콘밸리 일각에서 외쳐지는 구호이자 주문입니다. 디자인 컨설팅 회사 아이디오IDEO는 아예 "자주 실패해야 더 빨리 성공한다"는 슬로건까지 만들었지요. 실패를 찬양하는 이런 흐름에 대해 영국 석유회사 BP의 최고경영자를 지낸 존 브라운은 어떤 기업에는 "실패가 거의 성공과 맞는 모양"이라고 꼬집었지요.[80] 하긴 업종이나 기업 규모에 따라선 한 번의 실패가 곧장 파멸로 이어지기도 하니, 무턱대고 실패를 예찬할 일은 아니겠지요.

"'실패'라는 단어는 언어에서 대단히 강력한 영향력을 발휘하는 요소다." 영국 스포츠 코치이자 학자인 데이브 알레드의 말입니다. "실패는 모든 것을 흑과 백으로 이분화하게 만든다. 또한 최선을 다했다고 하더라도 100퍼센트 성공하지 않은 경우는 모두 '실패'로 간주하기 쉽다. 그러나 '실패'는 상황에 따라 다양한 의미를 지닐 수 있고 판별이 애매한 경우도 많다."[81]

그렇지요. 실패에 관한 명언 중 이 말이 가장 마음에 드네요. 우리는 곧잘 언어의 함정에 빠져 실패 아니면 성공이라는 이분법의 희생양이 됩니다. 실제 삶은 결코 그렇지 않지요. 그 어떤 판정을 내리기 어려운, 성공과 실패의 경계선상에서 우리는 살아가고 있는 게 아닐까요? 게다가 성공과 실패에 대해 각자 나름의 정의를 내리고 기준을 세운다면, 기존 이분법이야말로 폭력이 아니고 무엇이겠습니까?

# 09

## 자기 불신은 실패로 가는 지름길이다

2018년 8월 '알바천국'이 회원 1,648명을 대상으로 한 설문조사 '2018 자존감을 말하다'에서 응답자의 절반 가까운 47.9퍼센트가 현재 자존감이 '낮다(31.3퍼센트)' 혹은 '매우 낮다(16.6퍼센트)'라고 평가한 것으로 나타났습니다. '보통'으로 응답한 비율은 34.7퍼센트, '높다(12.6퍼센트)' 혹은 '매우 높다(4.8퍼센트)'라고 답한 응답자는 17.4퍼센트에 불과했다고 합니다.

이런 상황을 방영하듯 출판계엔 '자존감 열풍'이 불었습니다. 윤홍균 정신건강의학과의원 원장이 쓴 『자존감 수업』은 출간 1년 만에 45만 부가 팔렸으며,『나는 나로 살기로 했다』(김수현),『나, 있는 그대로 참 좋다』(조유미) 등 자존감 높은 삶의 방식을 알려주는 책이 인기를 끌었지요. 법륜 스님, 김창옥 교수, 김미경 강사 등의 '자존감 높이기' 강의는 유튜브에서 조회수가 40~50만에 이르기도 했습니다.[82]

자존감이란 무엇일까요? 자존감self-esteem은 남을 의식하는 자존심pride과는 달리 자신이 그 자체로 사랑받을 만한 가치가 있는 소중한 존재라고 여기는 것이며, 어떤 성과를 이루어낼 만한 유능한 사람이라고 생각하는 것입니다. 미국 심리학자이자 철학자인 윌리엄 제임스가 1890년대에 처음 사용한 말이지요.[83] 그는 자존감은 자신에 대해 긍정적으로 생각하는 것이라고 정의하면서, 자존감을 공식으로 나타냈지요. "자존감 = 성공 / 허세. 분자가 늘어나는 것보다는 분모가 줄어들어 분수가 커지는 쪽이 좋다. 허세를 포기하는 것은 허세를 만족시키는 것만큼이나 다행스러운 축복이다."[84]

"실패의 대부분은 자기 불신 때문에 일어난다." 미국 작가 어니스트 헤밍웨이의 말입니다. "자기 불신은 실패로 가는 지름길이다"고 뒤집어 말해도 무방하겠네요. 미국 커뮤니케이션 학자 조지프 드비토는 이 말을 뒤집어서 이렇게 말했지요. "자존감이 중요한 이유는 성공이 성공을 낳기 때문이다."[85] 성공이 성공을 낳는다는 것은 거의 진리에 가깝지요. 자존감도 없이 성공을 해보겠다고 시도한다면, 그건 이미 반은 지고 들어가는 것이나 다름없습니다.

그간 학계에선 낮은 자존감이 폭력을 유발하는 요인이라는 '낮은 자존감 이론low-self-esteem theory'이 정설처럼 여겨져왔지만, 미국 사회심리학자 로이 바우마이스터는 다른 이론을 제시합니다. 이른바 '위협받는 자부심 이론threatened-egotism theory'이지요. 바우마이스터는 이 이론을 뒷받침하는 극단적인 사례로 자신에 대한 폭력적 행동, 즉 자살을 꼽았습니다. 사회적으로 성공한 사람들이 명예가 실추되거나 부도가 나면 자부심이 손상되기 때문에 자살한다고 볼 수 있다는 것입니다.[86] 그는 위협을 받을 때 공격적으로 반응한 사람은 자존감이 낮은 사람이 아니라 가장 자기중심적인 사람이었다며 다음과 같이 주장합니다.

"폭력적인 성향을 띤 유명인들은 대개 자존감이 높았다. 사담 후세인은 결코 겸손하거나, 신중하거나, 자기 회의를 느끼는 사람이 아니었다. 아돌프 히틀러가 부르짖은 '지배자 민족master race' 이론도 낮은 자존감 때문에 나왔다고 보기는 어렵다. 이러한 사례는 낮은 자존감이 아니라 높은 자존감이 공격성의 중요한 원인이라는 점을 시사한다."[87]

2005년 9월, 미국 브래들리대학 심리학과 연구팀이 전 세계 53개국 1만 7,000여 명을 대상으로 자존감 조사를 했습니다. 설문은 "나는 다른 어떤 사람들만큼 일을 잘 처리해낼 수 있다", "나는 자신에 대해 긍정적 태도를 갖고 있다", "스스로 낙오자라고 느끼는 경향이 있다" 등이었습니다. 나라에 관계없이 자존감이 강한 것으로 나타난 사람들은 외향적이고, 예민한 성격이 아니었으며, 낭만적 성향을 보이는 등의 공통점을 갖고 있었습니다. 연구팀을 이끈 데이비드 슈미트는 "마음이 느긋해야, 자기 자신에 대해 긍정적 평가를 하게 된다"며 "높은 자존감이 걱정을 완화하는 것 같다"고 밝혔습니다.[88]

이 조사에서 상위 10개국은 ① 세르비아, ② 칠레, ③ 이스라엘, ④ 페루, ⑤ 에스토니아, ⑥ 미국, ⑦ 터키, ⑧ 멕시코, ⑨ 크로아티아, ⑩ 오스트리아 등이었지요. 이색적인 건 보스니아 전쟁에 휘말리며 깊은 고통이 신음하는 세르비아가 1등이고, 동아시아 국가들은 모두 에티오피아(43위)보다 뒤진 하위 10위권에 머물렀다는 사실입니다. 한국은 44위, 대만은 49위, 홍콩은 52위, 일본은 꼴찌를 차지했습니다. 미국 심리학자 리처드 니스벳은 일본어에 self-esteem에 해당하는 고유한 단어가 없다는 건 우연이 아니라며 다음과 같이 말합니다.

"일본의 학생들은 인간관계를 부드럽게 하고 자신의 능력을 더 개발하기 위하여 끊임없이 자기반성을 하도록 교육받는다. 동양인들에게는 우스워 보이겠지만, 얼마 전 내 고향에서는 교육의 목표로서 '지식을 전달하는 것'과 '자존감을 심어주는 것' 중 어느 것이 더 중요한가에 관한 논쟁이 일어난 적도 있었다. 동양인들에게 있어서 자존감을 심어주는 것이 교육의 목표가 된다는 것은 어쩌면 생각조차 할 수 없는 일일 것이다."[89]

지나치게 높은 자존감도 문제가 있다고 하니, 자존감이 약한 사람이 적정 수준의 자존감을 키우려면 어떻게 해야 할까요? 자존감 전문가인 미국 심리학자 너새니얼 브랜든이 제시한 '자존감을 이루는 6가지 토대'를 만들기 위해 애써보는 건 어떨까요? 그건 깨어 있는 정신으로 살고, 자신을 있는 그대로 받아들이고, 자신에게 스스로 책임을 지고, 자신을 당당하게 주장하며, 목표를 가지고 살아가고, 성실하고 진지하게 살아가는 것이라고 합니다.[90] 얼른 보기엔 쉬운 일인 것 같습니다만, 따지고 들면 그 무엇 하나 만만한 게 없네요. 자신을 있는 그대로 받아들이라는 말이 가장 가슴에 와 닿는데, 어떠신지요?

**10**

우연이 능력보다 앞서서 행진한다

가수 노사연은 〈만남〉(1989)에서 "우리 만남은 우연이 아니야"라고 노래했지요. 반면 소설가 최인호의 소설 『겨울 나그네』엔 이런 말이 나옵니다. "나는 그를 약속에 의해서 만나고 싶지 않다. 우연히, 우연한 시간, 우연한 장소에서, 우연한 사건으로 만나고 싶다."[91] 필연과 우연은 과연 서로 반대말일까요? 우연이 반복되면 필연이란 말도 있지만, 적어도 남녀 간의 사랑에선 우연과 필연은 같은 뜻의 말이 아닐까요?

국립국어원이 『표준국어대사전』에 '우연하다'와 '우

연찮다'를 뜻이 같은 말로 올려놓았다는 게 흥미롭습니다. 즉, "우연찮게(우연하지 않게) 친구를 만났다"나 "우연하게(우연히) 친구를 만났다"는 같은 뜻이란 말이지요. 이게 말이 되나요? 국립국어원은 수년 전 "본래 '우연찮다'는 '우연하다'의 반대 의미로 쓰였지만 흔히 '우연하게'라고 해야 할 곳에 쓰이는 '우연찮게'는 부정 표현에서 긍정 표현으로 의미 이동이 나타나고 있는 사례라고 판단해 같은 뜻으로 인정했다"고 밝혔습니다. 많은 사람이 이 둘을 같은 뜻으로 쓰기 때문에 동의어로 올렸다는 설명이지요.[92]

아닌 게 아니라 우리는 연인이건 친구건 우연히 만나면 좋겠다는 생각을 할 때가 있지요. 그런데 그 이유는 무엇일까요? 필연이라는 운명의 힘을 믿기 때문에? 아니면 '세렌디피티serendipity'의 기쁨을 만끽하기 위해서? 세렌디피티는 "뜻밖의 발견(을 하는 능력), 의도하지 않은 발견, 운 좋게 발견한 것"을 뜻하지요. 온갖 유형의 세렌디피티 가운데 가장 가슴 떨리는 건 역시 사랑의 세렌디피티이지요.

피터 첼솜 감독의 영화 〈세렌디피티〉(2001)가 바로 그런 살 떨리는 감격을 그린 영화입니다. 첼솜은 그간 늘 적자만 보는 영화를 만들다가 이 영화를 통해 대박을 터뜨렸으니, 그에겐 다른 이유로 살 떨리는 영화가 아니었을까요? 이런 내용입니다. 뉴욕의 크리스마스이브, 모두 사랑하는 사람을 위한 선물을 사느라 바쁜 블루밍데일 백화점에서 조너선(존 큐잭)과 사라(케이트 베킨세일)는 각자 자신의 애인에게 줄 선물을 고르다가 마지막 남은 장갑을 동시에 잡으면서 첫 만남을 갖게 되지만, 평소 운명적인 사랑을 원했던 사라는 다음 만남을 거절하면서 운명에 미래를 맡기자고 제안합니다.[93]

결국 두 사람은 7년 만에 다시 만나게 되는데, 이걸 아름답다고 하긴 어려울 것 같네요. 둘 다 서로의 약혼자와 결혼을 눈앞에 두고 있는 시점에서 일련의 세렌디피티에 의해 다시 만나게 된다는 이야기이니까요. 파혼당할 두 남녀를 희생으로 하는 사랑 노름을 세렌디피티라고 할 수 있을지는 의문입니다. 너무 보수적인 생각일까요? 다른 사람의 처지도 헤아려보자는 역지사지易地思之에 보수·진보의 구분이 무슨 의미가 있겠습니까?

우연은 사상가들의 오랜 고민이기도 했습니다. "우연이란 신이 우리에게 자신의 신분을 숨기고 말을 걸어오는 것이다."[94] 독일계의 프랑스 의사이자 사상가인 알베르트 슈바이처의 말입니다. 과연 그럴까요? 영국 인류학자 거다 리스는 "놀랍게도 고대의 원시적인 사고 체계에는 우연이라는 개념이 없었다"며 이렇게 말합니다. "고대인들은 무작위로 일어나는 사건을 일종의 신의 계시로 보았다. 즉, 초월적인 존재가 보내는 보다 심오한 메시지를 드러내주는 것이었다. 이런 세계관이 지배하던 시기에는 다양한 형태의 점술이 신과 소통하는 수단으로 이용되었다."[95]

슈바이처가 고대의 원시적인 사고를 했다는 말을 하려는 게 아닙니다. 좋은 뜻을 가진 덕담을 그런 식으로 이해하는 건 예의가 아니지요. 처한 상황에 따라선 우연에 너무 큰 의미를 부여하지 않는 게 좋을 수도 있다는 말을 하려는 것뿐입니다. "역사를 배우는 것은 세상일의 대부분이 우연적이고 혹은 운명적이라는 것을 알기 위해서다." 스위스 작가 롤프 도벨리의 말입니다. "세상은 꼭 어떤 이유와 결과로 움직이지 않는다. 특히 이런 태도는 불행을 대할 때 도움이 된다. 나쁜 일은 그냥 벌어지는 것일 뿐이다."[96]

성공을 대할 때도 그런 자세가 필요할 수 있지요. '사랑'이 아닌 '성공'은 우연을 어떻게 해석하느냐가 이

넘적인 의미를 갖기도 합니다. "성공은 결코 우연이 아니다." 트위터와 스퀘어의 창업자인 미국 IT 기업가 잭 도시의 말입니다. 이에 대해 언론인 알렉시스 매드리걸은 이렇게 꼬집었지요. "성공은 결코 우연이 아니라고 말한 사람은 모두 백인 남성 백만장자들이다."[97]

사랑하는 연인들이 "우리 만남은 우연이 아니야"라고 노래하는 거야 무슨 문제가 있겠습니까만, 성공한 사람들이 그렇게 말하는 건 곤란하지요. 성공한 사람들은 이미 16세기 프랑스 작가 미셸 몽테뉴도 잘 알고 있었던 걸 전혀 모르나 봅니다. "나는 우연이 능력보다 앞서서, 한참 앞서서 행진하는 것을 자주 보았다." 그는 삶의 결과들을 결정하는 우연적 요인의 역할을 강조하면서 "변덕스러운 의지에 따라 우리에게 영광을 베푸는 우연"의 역할을 잊지 말라고 충고했지요.[98]

오늘날엔 더욱 그렇습니다. 미국 경제학자 로버트 실러는 누가 이기고 누가 지느냐의 차이가 점차 우연과 예상하지 못한 선택에 좌우되고 있다고 말합니다.[99] 그럼에도 성공한 사람들이 잭 도시처럼 생각하면, 사회적 불평등 완화도 영영 어려워지지요. 이들의 우연에 대한 올바른 인식은 사회적 화합에도 도움이 됩니다. 성공이 자신의 노력과 재능에 의한 것도 있겠지만, 그에 못지않게 또는 그 이상으로 우연과 행운의 덕을 보았다는 걸 인정한다면, 사회와 더불어 살려는 생각을 갖게 되지 않겠느냐는 거죠. 우연이 능력보다 앞서서 행진한다는 걸 깨닫는 건 사회적 소통과 역지사지의 필수 조건이지요.

# 11

모든 것에는 틈이 있다

작가들 중엔 완벽주의 성향을 가진 사람이 많습니다만, 이 점에 관한 한 『보바리 부인』(1857)으로 유명한 프랑스 작가 귀스타브 플로베르는 그 누구에게도 뒤지지 않을 겁니다. 그는 유달리 까다롭고 특히 언어에 대해서는 까다로움이 심해서 편집광偏執狂처럼 자신의 작품을 뜯어고친 작가로 유명합니다.[100]

올바른 단어 하나를 찾느라고 3일 동안 방바닥에서 골머리를 앓았던 그는 "문장이 완벽해지기 전에 그것을 갈겨놓음으로써 1초를 아끼느니 차라리 개처럼 죽겠다"고까지 했지요. 하지만 이런 목표는 자신이 앓고 있던 간질병 때문에 뜻대로 이룰 수가 없었습니다. 그는 그 병으로 인해 정확한 단어들을 찾는 데 큰 어려움을 겪었고, 그래서 언제나 부글거리는 속을 달래야만 했습니다. 초고에서 삭제된 부분들을 합쳐놓으면 최종 원고보다 분량이 훨씬 많은 건 당연한 일이었지요.[101]

천재나 천재형 예술가들이 완벽주의 성향을 갖는 건 필요한 일일지 몰라도, 그렇지 않은 사람들에게 완벽주의는 불행의 씨앗이 됩니다. "완벽주의는 우리를 숨막히게 하고, 그 탓에 결국 우리의 인생 전체가 망가지게 될 것이다." 미국 작가 앤 라모트의 말입니다. 그는 "완벽주의는 땅을 보며 극도로 조심해서 걸으면, 장애물에 걸려 사고로 죽는 일은 절대 없을 것이라는 사고에 기초하고 있다"며 이런 사고를 버릴 것을 촉구합니다. "아무리 그래도 인간은 죽는다. 그리고 보통은 땅만 바라보고 걷는 강박증 환자보다 땅을 바라보지 않고 걷는 사람들이 훨씬 더 나은 인생을 살아간다. 또한 앞에 펼쳐진 다양한 경치를 바라보며 더욱 즐겁게 살아간다."[102]

완벽주의를 추구하는 사람들이 모든 면에서 완벽해

지기를 바라는 것은 아닙니다. 각자의 전공 분야가 있지요. 완벽주의와는 거리가 먼 사람일지라도 자신이 좋아하는 어떤 일에선 완벽주의를 추구하기도 합니다. 당신에겐 어떤 완벽주의가 있는지 잘 생각해보세요.

"완벽주의란 다른 사람에게 인정받고 싶어 하는 마음에서 비롯된다."[103] 미국 심리학자 듀크 로빈슨의 말입니다. 완벽주의는 남에게 보여주기 위한 것이 내면화된 것이라는 주장입니다. 물론 남에게 보여주는 것과 무관하게 자기만의 세계에서 완벽주의를 추구하는 사람도 많지요. 하지만 그들 역시 그런 완벽주의를 갖게된 계기는 남에게 보여주기 위한 것이 아니었는지 살펴볼 필요가 있겠습니다. "부족한 사람의 장점은 남에게 기쁨을 줄 수 있다는 것이다"는 말도 있듯이,[104] 완벽주의를 버림으로써 남에게 기쁨을 주는 선행을 해보는 건어떨까요?

"완벽한 것에 대한 예찬은 모두 잊어라. 모든 것에는 틈이 있다. 바로 그 틈을 통해 빛이 들어오는 것이다."[105] 캐나다의 가수이자 작가인 레너드 코헨의 말입니다. 정말 멋진 말이네요. 실제로 우리는 어떤 사람에대해 "다 좋은데 사람이 너무 빈틈이 없어"라고 흉보기도 하지요. "제발 당신의 빈틈을 보여주세요. 그래야 정이 가지요"라는 생각으로 말입니다.

"절대적 무결점은 왠지 사람을 불편하게 만든다. 결함이 없는 것에는 정이 가지 않는다." 영국 저널리스트 올리버 버크먼의 말입니다. 그는 '불완전함의 아름다움'을 역설합니다. "수많은 라이프 스타일 전문 자기계발서가 주장하고 있듯이 단순하게 불완전한 것을 '받아들이려고' 노력하는 자세만으로는 충분치가 않다. 그보다는 오히려 적극적으로 불완전한 것을 창조하고 즐기려고 노력하는 것이 중요하다."[106]

우리 인간 자체가 불완전하기 때문일까요? 그 점에 불만을 품은 사람들이 저항의 일환으로 완벽주의를 추구하는 걸까요? 도무지 알다가도 모를 일입니다. 완벽주의가 생기는 주요 원인 중 하나는 늘 자신을 남과 비교하면서 주변 사람들이나 사회에서 항상 높은 목표와 완벽과 최선을 당연하게 강요받기 때문인데, 이렇게 생긴 완벽주의를 '사회적으로 처방된 완벽주의socially prescribed perfectionism'라고 하지요.[107]

일본 철학자 기시미 이치로가 오스트리아 심리학

자 알프레트 아들러의 심리학을 대화 형식으로 풀어 낸 『미움받을 용기』가 한국에서 베스트셀러가 되었지만,[108] 남과의 비교에 능한 한국인에게 가장 필요한 건 '미움받을 용기'라기보다는 '비교하지 않는 용기'가 아닐까요? 어느 조직에서건 빈틈이 없는 완벽주의자는 정이 가지 않을 뿐만 아니라 다른 사람들을 몹시 괴롭게 만듭니다. 심지어 가정에서도 가장이 완벽주의자면 배우자와 자식들이 엄청난 고통을 겪지요. 다른 사람에게 직간접적으로 영향을 미치는 완벽주의는 폭력일 수 있다는 점에 주목할 필요가 있겠습니다.

**12**

가수 김건모는 〈잘못된 만남〉(1995)에서 믿었던 친구에게 애인을 빼앗긴 아픔을 노래했습니다. 그는 "있을 수 없는 일이라며 난 울었어"라고 했지만, 대성통곡大聲痛哭을 한다 한들 그 아픔과 울분이 풀리겠습니까? 그런데 역사를 보면 대담한 '애인 가로채기'꾼이 적지 않았습니다. 그런 사람들 중 가장 뻔뻔한 1등상은 아무래도 스페인 화가 파블로 피카소에게 주어야 할 것 같습니다. 그는 친한 친구의 부인과 잠자리까지 해놓고선 이런 말을 내뱉었다니 말입니다. "그건 그녀에 대한 내 우정의 표시일 뿐이야. 내가 자기 부인을 좋아한다고 그렇게 마음 쓸 일은 아니라니까."[109]

피카소에게 우정이란 과연 무엇이었을까요? 그는 "페니스로 그림을 그린다"는 말을 들을 정도로 에로틱 미술에도 탐닉한 예술가였으니,[110] 눈 감아주어야 하는 걸까요? 그건 모르겠습니다만, 우정이 인간의 됨됨이에 따라 다를 뿐만 아니라 시대에 따라 적잖은 변화를 겪은 개념이라는 건 분명합니다.

그리스신화에서 우정은 충성심의 발로로 심지어 국가와 경쟁하기까지 했으며, 그리스의 헬레니즘 시대(기원전 334년에서 30년까지의 약 300년간)에는 우정을 우상숭배하듯 했습니다. 고대 그리스 철학자 아리스토텔레스는 "우정은 두 몸 안에 하나의 영혼이 사는 것이다"고 했는데, 바로 이 말에서 '영혼을 나누는 친구soulmate'라는 표현이 유래되었지요.[111]

"세상에서 우정을 앗아가는 것은 태양을 앗아가는 것과 같다." 고대 로마의 철학자 키케로의 말입니다. 그는 "우정은 기쁨을 두 배로 키우고 슬픔을 반으로 나누어, 행복은 키우고 불행은 줄인다"고 했습니다.

모두 아름다운 말이지만, 이들이 말한 우정은 남성들만의 것이었습니다. 아리스토텔레스는 여자들에게도 우정은 있을 수 있다고 생각한 건지는 몰라도 "완벽한 우정이란 선하며 동등한 덕을 갖춘 남자들 사이의 우정이다"고 못을 박았지요.[112]

　　이 이상한 전통은 이후 오랫동안 계승되어, 16세기 프랑스 철학자 미셸 몽테뉴도 이렇게 거들고 나섰습니다. "보통 여자들이 지닌 능력은 영적 교감을 나누기에 부적합하며……여자들의 영혼은 그렇게 견고하고 질긴 관계의 압박을 견딜 만큼 튼튼하지 않은 것 같다." 하지만 그가 말년에 가장 진지한 우정을 나눈 상대는 마리 드 구르네라는 젊은 여성이었다는군요.[113]

　　"여성의 우정은 거의 기록된 적이 없다." 미국 문학 비평가 캐럴린 하일브런의 말입니다. "만약에 우정의 연대표를 조사한다면, 거기에는 남성들의 우정으로 가득찰 것이다. 정말 드물기는 하지만 혹시 여성의 우정이 언급되는 일이 있다면, 그것은 남성들 공동체에 한 여성을 상징적으로 마지못해 넣어주는 식으로 끼워 넣은 것이다."[114] 우정은 남성만의 것인 양 어리석은 착각은 하지 않는 게 좋겠습니다.

여성의 우정을 기록하기 위해 나선 미국 저널리스트 크리세나 콜먼은 『여자 친구들끼리만』(1998)에서 여성의 우정에 관한 명언들을 제시했습니다. "가족은 우리가 선택하지 못하지만, 다행히 친구는 직접 고를 수 있다." "좋은 친구 관계는 좋은 포도주와 무척 비슷해서 나이가 들고 세월이 흐를수록 더 좋아진다." "다른 모든 일이 안 될 때 나는 단짝 친구에게 전화를 건다. 그 친구한테는 내 눈물을 닦아주고 내 두려움을 가라앉히는 능력이 있다." "남자들은 왔다가도 가버리지만 친한 친구들은 영원하다."[115]

"원수가 없는 사람은 친구도 없다." 영국 시인 앨프리드 테니슨 경의 말입니다. 우정은 편파적이며 편파적이어야만 한다는 말이지요. 그래서 "모든 사람의 친구는 그 누구의 친구도 아니다"는 속담도 있지 않은가요?

"힘 있을 때 얻은 친구는 진정한 친구가 아니다." 미국 역사가이자 작가인 헨리 애덤스의 말입니다. 왜 그럴까요? 기원전 1세기 시리아 출신의 로마 작가인 푸빌리우스 사이러스가 이미 답을 내놓았습니다. "번영은 친구들을 만들고, 역경은 그들을 시험한다." 그래서 "어려울 때 친구가 진짜 친구다"는 속담도 나온 것이겠지요. 미국 여배우 주디 홀리데이는 "애인은 당신을 배반할 권리가 있다. 친구는 그렇지 않지만"이라고 했는데,[116] 이는 우정이 사랑에 비해 갖는 비교우위가 아닐까요?

"나를 앞질러 가면 내가 따라가지 못할 수 있고, 내 뒤를 따르면 내가 이끌지 못할 수 있으니, 내 옆에서 걸으면서 내 친구가 되어주세요." 프랑스 작가 알베르 카뮈의 말입니다. 그 광경을 생각만 해도 흐뭇해집니다. 옆에서 같이 걷는 친구들의 모습, 보기에도 너무 좋지 않은가요? 영국 작가 에드워드 불워 리턴은 "사람이 의기소침해 있을 때 작은 도움이 큰 설교보다 낫다"고 했지요. 친구가 어려움에 빠졌다면 좋은 조언을 해주는 것도 좋겠지만, 작더라도 실질적인 도움을 주는 것도 좋겠습니다. 오직 입으로만 때우려 든다면 좀 얄밉지 않은가요?

**13**

사랑한다 해놓고
사랑하지 않기는 어렵다

혹 할리우드 영화 〈스피드〉(1994)를 보신 적이 있나요? 어느 감상자의 호평이 재미있네요. "오래된 영화가 지금 봐도 이렇게 짜릿할 수 있다니. 이런 영화 많이 나와야 함. 진짜 감동. 액션의 표본과 끝을 보여준 영화. 그리고 거기에 스며든 로맨스까지. 감독 아이큐 한 300은 될 듯."[117] 액션과 로맨스를 버무린 이 영화의 마지막 장면에서 기적적으로 살아남은 잭(키아누 리브스)은 애니(산드라 블록)에게 키스하면서 이렇게 말하지요. "미리 경고를 줘야만 할 것 같은데, 강렬한 경험 때문에 시작된 관계는 오래가지 못한다고 그러더라구요."[118]

오래가지 못할망정 강렬한 경험이 사랑의 감정으로 직결되기 쉽다는 건 수많은 실험 결과 입증된 사실입니다. 그런 실험 중에 '사랑의 다리' 실험이라는 게 있습니다. 협곡 위 수십여 미터 상공에 매달린 흔들다리를 걸어서 건너다 보면 다리는 끊어질 것처럼 불안정하게 흔들리는 가운데 마음은 조마조마해지고 심장은 빨리 뛰며 오줌이 마렵기까지 하지요. 생리학적으로 볼 때 그런 상황에서 겪는 급격한 아드레날린 분비는 누군가 좋아하는 사람이 생겼을 때 겪는 흥분 상태와 동일하다고 합니다.[119]

그런데 그런 경험을 처음 보는 두 청춘 남녀가 같이 겪습니다. 상호 호감도가 매우 높아지더라는 게 실험 결과입니다. 썸을 타던 남녀는 그런 다리 위에서 사랑을 고백하면 성공할 확률이 높다는 것입니다. 불안감과 아드레날린이 이성에 대한 관심 증가로 변형되기 때문에 벌어지는 일입니다. 생리적 반응이 인지에 영향을 끼친다는 말인데, 이는 마케팅에서 흥분을 유발하는 파티 등과 같은 이벤트 연출 효과와 비슷한 것입니다. 한 젊은 소비자가 파티에서 멋진 시간을 보낸 것과 특정 브랜드를 좋아하는 것 사이에서 의식적인 연관을 눈치 채지 못하지만, 이미 연관은 이루어졌다는 것이지요.[120]

놀이공원의 놀이기구를 타는 것도 흔들다리 위를 걷는 것과 비슷한 효과를 내지요. 두 남녀가 조마조마한 짜릿함에 질러대는 비명의 소리가 높을수록 둘의 관계가 밀착될 가능성이 높아지겠지요. 실제로 한국교육방송에서 실험을 했는데, 놀이공원 소개팅을 한 커플이 실내 소개팅을 한 커플보다 실제 연인이 되는 경우가 훨씬 많았다고 합니다.[121]

흔들다리를 트레드밀로 대체한 연구도 있습니다. 남자 대학생들에게 약 2분간 트레드밀에서 달리기를 시킨 다음에 매력적인 여성의 사진을 보여주는 실험입니다. 결과에 따르면, 달리기를 하지 않았던 대학생들보다 달리기를 한 다음에 사진을 본 대학생들이 사진 속의 여성을 매력적으로 지각하고 데이트를 하고 싶은 욕구도 강한 것으로 나타났다고 합니다. 달리기로 증가한 각성이 사진 속의 여성에 대해 참가자들이 가지고 있던 호감의 정도를 강화시킨 것이라는 이야기입니다.[122]

이른바 '어둠 속 일탈'이라는 실험도 있습니다. 서로 별 관심이 없는 남녀라도 두 사람을 적잖은 시간 동안 어둠 속에 두면 서로 사랑하게 될 가능성이 높다는 것이지요. 어둠이라는, 사랑을 나누는 환경에 처해 있다는 생각만으로 서로에 대해 더 많은 매력을 느꼈기 때문이라는 겁니다. 많은 영화배우가 연인 관계를 연기하다가 실제로 사랑에 빠져 결혼을 하는 경우가 많은 것도 같은 이치로 설명할 수 있지요.[123]

그런 식으로 이루어진 사랑은 오래가지 못한다는 반론도 있습니다만, 정반대의 다른 방식으로 이루어진 사랑도 오래가지 못하는 건 마찬가지 아닌가요? 그 어떤 경우이건 우리는 가슴이 뛰어 사랑인 게 아니라 사랑이라서 가슴이 뛴다고 믿으며 또 그렇게 믿고 싶어 합니다. 설사 이게 착각일망정 이런 착각은 길이 보존하는 게 좋지 않을까요? 미국의 록밴드 피플의 히트곡인 〈I Love You〉(1965)의 노랫말은 사랑은 맹목적일수록 좋다는 속설을 재확인해줍니다.

"당신을 사랑해요, 사랑해요, 사랑해요 / 예 사랑해요, 그러나 말이 안 나와요 / 그리고 난 무슨 말을 해야 할지 모르겠어요 / 당신을 사랑한다고 말해야 해요, 사랑해요 / 말로 설명해야 하는데 / 말이 잘 안 나와요 / 내 마음 깊은 곳에 내 사랑을 숨기지 말아야 해요 / 말로 설명해야 하는데 / 말이 잘 안 나와요."

참으로 이색적인 노래입니다. 거의 모든 사랑 노래가 사랑의 감정을 표현하기 위해 모든 과장법을 총동원하는 경향이 있는데 반해, 이 노래는 '사랑한다'는 말조차 할 수 없다는 걸 지겨울 정도로 반복해서 말하고 있으니 말입니다. 어쩌면 이게 더 보통 사람들의 현실에 가까운 게 아닐까요?

부질없는 욕심일망정 "사랑이 어떻게 변하니?"라는 어느 영화 대사를 믿고 싶어지네요. "사랑한다는 말을 하기는 어렵지만 사랑한다는 말을 해놓고 사랑하지 않기는 더욱 어렵다." 소설가 이승우의 말입니다. "사랑한다고 말하는 순간, 그 말은 그 말을 듣는 사람만 아니라 그 말을 하는 사람도 겨냥한다"며 한 말이지요.[124] 좋은 말 아닌가요? 사랑이 우리가 생각하는 만큼 신비로운 감정은 아니라는 걸 깨닫는 건 지속가능한 사랑을 위해서도 꼭 필요한 게 아닐까요? 사랑이 꼭 지속가능해야 하느냐고 반문한다면, 할 말은 없습니다만.

# 14

## 돈보다 섹스가 행복에 훨씬 더 중요하다

1968년 유럽을 비롯한 서구 사회에 거센 학생운동이 일어났습니다. 구체제를 타파해야 한다는 젊은이들의 저항운동이었는데, 이 운동엔 '성 혁명'도 따라 붙었습니다. 이 시기에 학생들이 성스럽게 여긴 책들 중엔 오스트리아 정신분석학자 빌헬름 라이히의 『오르가슴의 기능』이 있었지요. 학생들은 "성 억압이 사람을 착취와 억압에 쉽게 먹혀 들어가게 만든다"는 라이히의 가르침에 따라, 이런 표어들을 내걸었습니다. "나는 사랑을 하고 싶습니다. 그리고 나는 혁명을 하고 싶습니다." "부르주아는 사랑을 약화시키는 데에서만 기쁨을 발견

합니다." "쉬지 말고 즐기십시오."[125]

하지만 라이히는 비운의 주인공이었지요. 12세 때 어머니가 자신의 가정교사와 불륜을 저지르는 장면을 목격하고 그걸 아버지에게 알렸는데, 어머니는 자살을 하고 말았습니다. 유대인이었던 그는 성 문제를 파헤치는 연구자이자 저자로 명성을 얻었지만, '유대인의 포르노그래피'라는 욕을 먹고 미친 사람 취급을 받았습니다. 그는 미국에 망명해서도 성 문제로 잦은 탄압을 받았으며, 급기야 감옥에 갇혀 수감 7개월 만에 간이침대에서 사망하고 말았습니다.[126]

청년 시절 라이히의 멘토였던 정신분석의 창시자인 오스트리아 정신병리학자 지그문트 프로이트는 라이히를 가리켜 '대담하지만 주제넘게 거들먹거리는 젊은이'라고 했지만, 그는 라이히에 비해 소심했다고 말하는 게 옳을지도 모르겠습니다. 그럼에도 프로이트 역시 성 문제를 금기시하는 사회적 상황으로 인해 쉽지 않은 길을 걸어야 했습니다.

"'섹스'를 인간성에 굴욕과 창피를 주는 것으로 생각하는 사람은 좀더 점잖은 '에로스'나 '에로틱'이라는 낱말을 사용해도 좋다."그는 "나도 처음부터 그렇게 할 수는 있었다"며 이렇게 말했지요. "그랬다면 수많은 반대를 모면할 수도 있었을 것이다. 하지만 나는 그러고 싶지 않았다. 소심함 때문에 양보하고 싶지는 않았기 때문이다. 그런 식으로 물러서다 보면 결국은 어떻게 될지 아무도 모른다. 처음에는 말에서 양보하지만, 나중에는 내용에서도 조금씩 양보하게 된다. 성을 부끄러워하는 것에 무슨 가치가 있는지 나는 이해할 수 없다."[127]

"교회는 성적인 과실이 다른 과실보다 '더 중요한' 것이라는 생각에 빠지는 잘못을 범했다."영국 성공회의 최고위 성직자인 캔터베리 대주교 조지 캐리의 말입니다. 오히려 가난과 같은 더 포괄적인 문제에 주의를 기울여야 했다는 것이지요. 이에 대해 호주의 실천윤리학자 피터 싱어는 "개명한 기독교인들은 교회가 섹스 문제에 몰두하는 것은 잘못이라는 사실을 인식하기 시작했다"며 "이는 실천윤리를 연구하는 철학자들이 70년대부터 줄곧 외쳐온 바를 대주교가 뒤늦게나마 설파한 것이다"고 말했지요.[128]

"섹스를 자주 하는 사람들이 행복하다." 미국 경제학

자 데이비드 블랑슈플라워가 1만 6,000명의 미국인을 상대로 진행한 설문조사를 분석한 연구에서 내린 결론입니다. 전반적으로 가장 행복한 응답자들은 섹스를 가장 자주 하는 사람들이었다고 합니다. 그래서 이런 결론에 이르렀지요. "돈보다 섹스가 행복에 훨씬 더 중요하다."[129]

하지만 이런 행복에도 남녀차별이 존재하니, 이것부터 깨야 행복한 사람이 더 많아질 수 있지 않을까요? "섹스를 하더라도 비난받을 것이고, 섹스를 하지 않더라도 비난받을 것이다." 영국의 사회정책 연구가인 안나 쿠트의 말입니다. 여성에게만 가해지는 섹스의 이중잣대를 지적한 것이지요. 여자가 남자와 똑같은 조건으로 성 관계를 맺을 경우, 여성은 '행실이 나쁜 여자'로 분류되기 입상이고, 성 관계를 거절하면 구식이거나 불감증 아니면 '까다롭다'는 비판을 받아야 한다는 겁니다.[130]

어디 그뿐인가요? 계급의 문제도 있지요. 여성학자 정희진은 "남성에게 섹스는 그의 사회적 능력의 검증대이기 때문에 '다다익선'이지만, 여성에게 섹스는 적을수록 좋은 것이다"며 이렇게 말합니다. "가부장제 사회에서 남성은 권력과 자원을 가질수록 많은 여성과 섹스를 한다('가질 수 있다'). 반면, 가난하고 권력이 없는 남성들은 한 여성을 다른 남성과 공유한다. 계급과 섹스의 관계는 성별에 따라 정반대로 나타난다. 여성은 사회적 지위가 높을수록 한 명의 남성하고만 섹스하면 되지만, 그렇지 않은 경우에는 많은 남성을 상대해야 한다. 성매매와 성폭력은 이처럼 성에 대한 남성과 여성의, 서로 다른 상황에서 생기는 성차별적 현상들이다."[131]

남녀차별 없는 섹스의 행복을 누리려고 해도 고시원처럼 열악한 주거공간에 사는 청춘 남녀는 어찌해야 하나요? 얇은 합판의 벽을 뚫고 옆방으로 전해지는 '소음'을 둘러싼 갈등이 만만치 않습니다. 어떤 젊은이는 어느 날 자신의 앞으로 온 택배 물품 위에 옆방 거주자의 이런 쪽지가 놓여 있는 걸 보았다고 하네요. "섹스는 여관에서."[132] 결국, 이마저 돈이 원수인가요? 열악한 주거공간에 사는 이들에겐 "돈보다 섹스가 행복에 훨씬 더 중요하다"는 건 이론으로만 존재하는 꿈같은 이야기인가요?

# 15

## 결혼은 포기 · 희생 · 후회를 뜻하는 말이다

"서두른 결혼은 두고두고 후회한다.""모르는 사람과 결혼하는 것보다는 이웃과 결혼하는 게 낫다.""완벽한 결혼은 없다, 왜냐하면 완벽한 사람이 없기 때문이다." "남자는 끝내기 위해 결혼하고 여자는 시작하기 위해 결혼한다." 결혼에 관한 속담들입니다. 부모가 자식에게 해주는 조언은 속담보다 속물적인 경향이 있지요.

"사랑보다 부와 결혼하는 편이 현명하다." 영국 정치인 체스터필드 경의 말입니다. 아들이 10대가 되었을 때 해준 충고라는데, 이런 설명을 곁들였다고 합니다. "돈과 결혼한 사람은 거의 행복하지는 않지만 편안한 결혼 생활을 하는 반면, 사랑으로 결혼한 사람은 얼마간 행복하지만 오랫동안 불편하게 산다."[133]

오늘날에도 거의 모든 부모가 결혼 적령기에 접어든 자식들에게 해주는 말이 아닐까요? 대부분의 사람이 실제로 그렇게 하다 보니, 심각한 사회적 문제가 발생했습니다. 부자들끼리만 결혼하는 '결혼 격차marriage gap'의 문제지요. '동류 교배assortive mating', 즉 고학력자끼리 결혼해 고소득을 올리는 경향으로 인해 결혼이 소득 불평등의 주요 요인이 되었다는 게 전문가들의 지적입니다.[134]

"당신은 이 세상에서 가장 의미 있는 정신을 소유하고 있습니다. 나는 이 세상에서 가장 아름다운 육체를 지니고 있지요. 우리는 함께 가장 완전한 아이를 낳을 수 있을 거예요." "그 아이가 만약에 나의 육체와 당신의 정신을 물려받는다면 어떻게 하지요?"[135]

영국 여배우 엘런 테리와 영국 작가 조지 버나드 쇼가 주고받은 연애편지의 내용이라고 합니다. 비록 두 사람의 결혼은 실현되지 않았지만, 테리의 제안은 사회적 차원에선 '동류 교배'보다는 훨씬 나은 대안인 것 같습니다. 서로 부족한 점을 채워주는 상생의 정신이 충만하지 않은가요? 물론 쇼의 말마따나, 그 반대의 경우도 가능하겠습니다만.

"소외된 구조를 가진 결혼의 가장 중요한 표현의 하나는 '팀'이라는 관념이다." 유대인으로 독일계 미국 학자인 에리히 프롬의 말입니다. 왜 그렇다는 걸까요? "남편은 아내의 새 옷이나 맛있는 요리를 칭찬해야 한다. 아내는 남편이 지쳐서 시무룩해 집으로 돌아왔을 때 이해해주어야 하고 남편이 사업의 어려움에 대해 말할 때 경청해주어야 한다. 이러한 모든 관계에 공통되는 것은 평생 동안 남남으로 남아 있고 결코 '핵심적 관계'에 도달하지 못하고 서로 예의바르게 대우하고 서로 더욱 호의를 가지려고 노력하는 두 사람 사이의 원활한 관계이다."[136] 프롬이 생각하는 사랑과 결혼의 경지가 매우 높다는 건 알겠지만, '팀플레이'만 잘해도 성공한 결혼이라고 생각하는 사람이 많지 않을까요?

"내게 결혼이란 '포기'를 의미하는 말이고 또 희생과 후회를 뜻하는 말이다." 이탈리아의 유명 저널리스트 오리아나 팔라치의 말입니다. 그는 "내게 필요한 고

독은 육체적인 고독이 아니라, 내가 여성이라는 사실, 남자들 세계에서 살아가는 여성이라는 사실에서 나오는 내면적인 고독이다"며 이렇게 말했지요. "현재 나한테는 그런 종류의 고독이 너무나 많이 필요하다. 지적인 면에서 볼 때, 그것이 나를 움직이는 원동력인 까닭에 나는 때로 육체적으로 혼자 있어야 할 필요를 느끼는 것이다. 친구와 같이 있을 때도 둘은 너무 많다는 생각이 들 때가 있다. 나는 혼자 있어도 지루한 법이 없다. 다른 사람과 함께 있을 때 더 금방 지루한 기분이 든다."[137]

자신의 일을 가진 여성이라면, 누구든 결혼이 포기를 의미한다는 팔라치의 말에 동의할 것 같습니다. 물론 둘도 너무 많다고 생각하는 팔라치에겐 일보다는 혼자 있는 걸 즐기는 타고난 체질이 결혼을 거부한 더 큰이유인 것 같긴 합니다만, 미국에서 2000년대 초반부터 등장한 'LAT Living Apart Together'를 팔라치가 시도했더라면 좋았겠다는 아쉬움이 드네요. LAT는 '따로 함께 살기'를 시도하는 생활 방식입니다. 이는 각자 독립적으로 생활하면서 일주일에 며칠씩 상대편의 집에서 숙박하는 식의 생활 패턴을 유지하는 것으로, 주로 중장년 커플이 많이 한다는군요.

2018년 TV 드라마 제작자 브래드 팰척과 재혼한 할리우드 배우 귀네스 팰트로는 "일주일에 나흘은 남편과 같이 살고, 나머지 사흘은 각자 자신의 집에서 생활한다"고 밝혔지요. LAT족의 가장 큰 장점은 독립성과 자유라고 합니다. 자신의 주거공간을 유지하고 있기 때문에 상대방의 생활 패턴이나 습관에 일일이 맞추는 번거로움을 감내할 필요가 없다는 것이지요.[138] 이마저 돈이 좀 있어야 할 수 있는 방식이니, 성공적인 결혼을 위해서도 역시 가장 중요한 건 돈인가 봅니다. 그럼에도 포기·희생·후회를 뜻하지 않는 결혼을 결코 포기할 수는 없는 일이지요.

# 16

"돈이 말한다." "돈이 자유다." "돈이 돈을 번다." "땅 파면 돈 나오냐?" "돈이 말할 때 진실은 침묵한다." "돈은 좋은 하인이지만 나쁜 주인이기도 하다." "돈 사랑과 배움 사랑은 따로 논다." "돈은 천당 말고는 어디든 통과할 수 있다." "돈은 전쟁뿐만 아니라 사랑의 동력이다." 이렇듯 돈에 관한 격언이나 속담은 무수히 많습니다. 현인들도 돈에 대해 무수히 많은 말을 남겼지요.

그리스의 비극 작가 에우리피데스는 "돈이 논리적 주장보다 훨씬 설득력이 있다"고 했고, 영국의 성직자이자 작가인 토머스 풀러는 "돈 없는 사람은 날개 없는 새와 같다"고 했지요. 미국의 자동차 왕 헨리 포드는 "돈은 팔이나 다리 같다. 쓰지 않으면 어차피 없어진다"고 했고, 미국 부호 J. 폴 게티는 "돈을 셀 수 있으면 진정한 부자는 아니다"고 했지요.

독일 사상가 오스발트 슈펭글러는 "돈이 지식인을 파괴한 후, 돈을 통해 민주주의는 스스로의 파괴자가 된다"고 우려했지만,[139] 괜한 걱정이었지요. 미국 작가 토머스 비어가 지적했듯이, "돈은 민주주의를 지배하지 않는다. 돈이 민주주의이다"고 말할 수 있는 세상이 전개되었으니까요.[140]

"영어에서 가장 아름다운 두 단어는 '수표 동봉'이라는 말이다."[141] 미국 비평가 도러시 파커의 말입니다. 그는 이런 명언도 남겼지요. "신이 돈을 어떻게 생각했는지 알고 싶다면, 신이 누구에게 돈을 주었는지 보라."[142]

돈과 사랑의 관계는 어떨까요? 영국 극작가 존 드라이든은 『아서 왕』에서 "상속녀는 한결같이 아름답다"고 했고,[143] 영국 철학자 버트런드 러셀은 "부는 사랑의 시늉뿐만 아니라 사랑의 실체도 종종 살 수 있다. 공정

하지도 바람직하지도 않지만 그럼에도 불구하고 사실이다"고 했지요.[144]

미국 여배우 라나 터너는 "여자가 쓰기에 충분한 돈을 버는 남자가 성공한 것이고 그런 남자를 찾아내는 여자가 성공한 여자다"고 했고, 이에 화답하듯 그리스의 해운 재벌 아리스토텔레스 오나시스는 "세상에 여자가 없다면 세상 모든 돈이 의미가 없을 것이다"고 했지요.[145]

"돈이면 뭐든지 바꿀 수 있다Money changes everything." 미국 가수 신디 로퍼가 1984년에 불러 히트시킨 노래 제목입니다. 이를 인정하듯, 미국 철학자 마이클 샌델은 『돈으로 살 수 없는 것들』(2012)의 서문에서 "세상에는 살 수 없는 것들이 있다. 하지만 요즘에는 그리 많이 남아 있지 않다"고 개탄합니다.[146]

돈을 원하세요? 정말 절실히 원하시나요? '그렇다'고 답하는 사람들을 향해 미국의 재테크 상담 전문가인 수지 오먼은 돈을 살아 있는 생명력으로 여기라고 권합니다. "당신이 돈을 살아 있는 생명체처럼 돌본다면, 돈은 번창하고, 성장하고, 당신이 필요로 하는 한 당신을 돌볼 것이며, 당신이 남겨둔 사랑하는 사람들을 보살필 것이다."[147]

　이 정도면 종교 아닌가요? 그런데 이런 배금교拜金教 신도가 의외로 많다는군요. 제임스 패터슨의 『미국이 진실을 말한 날』(1991)이란 책에 따르면, 1,000만 달러를 준다면 가족을 다 버리겠다고 한 미국인이 전체의 25퍼센트나 되었다네요.[148] 이들은 가족마저 돈으로 살 수 있다고 생각하나 보죠? 장난삼아 대답한 여론조사 결과라고 믿고 싶어지네요.

　한국인은 어떨까요? 2011년 한 국내 일간지 여론조사에서 한국인을 불행하게 만드는 가장 큰 이유로 꼽힌 게 '재물에 대한 집착'이었습니다. 또 돈과 행복은 무관하다고 생각하는 한국인은 7.2퍼센트에 불과해 덴마크(47.0퍼센트), 인도네시아(44.2퍼센트) 등과 대조를 보였지요.[149]

　2013년 1월 흥사단 투명사회운동본부가 서울·경기 지역의 초·중·고교 학생 6,000명을 대상으로 윤리 의식을 조사한 결과, 고등학생의 44퍼센트가 "10억 원이 생긴다면 잘못을 하고 1년 정도 감옥에 가겠다"고 답한 것으로 나왔지요.[150] 2018년 4월 법률소비자연맹이 '법의날(4월 25일)'을 맞아 대학생 3,656명을 대상으로 실시한 법의식 조사 결과에 따르면, "10억 원을 주면 1년 정도 교도소 생활을 할 수 있는가"는 질문에 51.39퍼센트(1,879명)가 "동의한다"고 대답했다고 합니다.[151] 유구무언有口無言입니다. 돈, 돈, 돈, 돈이 정말 원수네요.

# 17

# 건강과 행복은 전혀 연관성이 없다

"건강한 신체에 건강한 정신이 깃든다." 고대 로마 시인 데치무스 유니우스 유베날리스의 말입니다. 풍자를 자주 했던 그는 "로마 검투사들이 몸을 단련하는 만큼 정신을 단련했다면 좋았을 텐데"라고 한탄하며 이 말을 썼다고 합니다만,[152] 오늘날엔 이 말을 한 의도와는 무관하게 쓰이고 있지요.

그런데, 맞는 말일까요? 정신과전문의 정혜신은 이 말을 이렇게 바로잡습니다. "건강한 신체에 건강한 정신이 깃든다는 말은 절반만 맞는다. 현대사회에서는 건

강한 정신에 건강한 신체가 깃든다는 것이 더 타당할 것이다." 어느 조사에서 기업 CEO의 84퍼센트가 "스트레스로 고통받는다"고 답한 것으로 나타났다고 하네요. 이 조사에 도움을 준 정혜신은 스트레스가 건강을 해치는 주범이라며 다음과 같이 말합니다.

"스트레스를 받으면 몸의 면역세포 수가 급격히 줄어들고 그로 인해 몸의 면역력이 떨어져 사소한 이유로도 병이 생긴다. 암, 성인병, 면역 관련 질환 등이 대표적 질병이다. 스트레스 지수에서 우리나라는 아시아권에서 1위이고, 전 세계적으로도 선두권에 드는 고高스트레스 국가다. 이제 몸의 건강만 신경 써서 오래 건강하게 살 수 있는 시절은 지나간 것 같다."[153]

"좋은 건강을 갖는다는 것은 단지 아프지 않다는 것과는 크게 다른 것이다." 로마 철학자 세네카의 말입니다. 이는 1948년 세계보건기구WHO 창립자들이 건강에 대해 내린 다음과 같은 정의의 원조라 할 수 있겠습니다. "건강이란 신체적·정신적·사회적으로 완전히 행복한 상태를 말하며, 단순히 질병에 걸리지 않은 상태만을 지칭하는 게 아니다."[154] 인류의 건강을 지키겠다는 그 원대한 포부는 잘 알겠지만, 그렇게 정의를 해버리면 이 세상에 건강한 사람이 얼마나 있을지 모르겠습니다. 질병에 걸리지 않은 상태만으로도 감지덕지感之德之 아닌가요? 많은 이가 그 감지덕지를 표현한 명언을 남겼습니다.

영국 성직자이자 작가 토머스 풀러는 "병이 찾아올 때까진 건강의 소중함을 모른다"고 했고, 영국 박물학자 존 레이는 "건강이 부富보다 낫다"고 했고, 영국 정치가 체스터필드 경은 "건강은 모든 축복 가운데 첫 번째이자 가장 위대한 것이다"고 했지요.

건강은 가장 위대한 축복이긴 하지만, 그게 계급의 문제와 직결된 축복이라는 게 안타깝네요. 영국 보건학자 마이클 마멋은 영국 정부의 고위 관료와 하급 관료가 서로 다른 건강 상태를 보인다는 점에 주목해 그 이유를 밝히는 연구에 착수했습니다. 그는 2004년에 출간한 『사회적 지위가 건강과 수명을 결정한다』에서 사회계층의 지위가 더 높은 사람일수록 더 건강하다는 이른바 '지위 신드롬status syndrome'을 제시했습니다.

마멋은 미국 워싱턴D.C.의 지하철을 잠깐 타보면 지위 신드롬을 금방 이해할 수 있다고 말합니다. 워싱턴 도시 동남쪽에서부터 메릴랜드의 몽고메리 카운티까지 지하철을 타보면, 1.6킬로미터 움직일 때마다 사람들의 평균 수명이 약 1년 반씩 증가하며, 워싱턴 도심 끝에 사는 가난한 흑인들과 다른 쪽 끝에 사는 부유한 백인들의 평균 수명 차이는 20년이라는 것입니다.[155] 마멋은 그 이유에 대해 "계급이 낮을수록 삶에 대한 지배력과 전면적인 사회참여 기회를 가질 확률은 낮아진다. 자율권과 사회참여는 건강에 매우 중요하기 때문에 그것이 부족하면 건강의 악화를 초래한다"고 말합니다.[156]

"옷 사이즈가 작을수록 집 크기가 크다."[157] 마멋이 10여 년 후인 2015년에 출간한 『건강 격차: 평등한 사회에서는 가난해도 병들지 않는다』에서 미국 뉴욕 사람들이 흔히 하는 말이라며 소개한 것입니다. 사회적 지위가 낮을수록 더 비만하다는 것이지요. 한국은 어떨까요? 한국에서 진행된 관련 연구 결과는 더욱 놀랍네요. 2013년 김진영 고려대학교 교수팀의 연구에 따르면, 학력은 물론 출신 대학교의 서열에 따라 건강 수준도 달라진다고 하니 말입니다.

김 교수팀은 한국노동패널 조사 자료 가운데 직업

을 가진 만 25세 이상의 성인 남녀 5,306명을 대상으로 학력과 스스로 느끼는 건강 수준의 관계를 분석했는데, 4년제 대학 졸업자들 사이에서도 지방 사립대보다는 광역시 사립대, 광역시 또는 지방 국공립대, 수도권대학 순으로 건강 수준이 높아지는 것을 확인할 수 있었다고 합니다. 연구팀은 노동 정책을 통해 '학벌'에 따른 불평등을 줄이는 것이 건강 격차 역시 완화할 수 있다고 주장했지요.[158]

참 묘한 일이네요. 미국 철학자 랠프 월도 에머슨은 "최고의 부富는 건강이다"고 했는데,[159] 이젠 "최고의 건강은 부다"고 해야 할 세상이 되었으니 말입니다. 이젠 이런 말이 쓰여야 하는 게 아닐까요? "계급이 높아야 건강한 신체와 정신을 누릴 수 있다." 그러나 그렇게 생각하진 맙시다. 자신의 낮은 계급 탓을 하다가 정작 자신의 건강을 돌보지 않을 수도 있으니까요.

별로 믿기진 않지만, "건강한 육체와 행복은 전혀 연관성이 없다"는 주장을 음미해보는 건 어떨까요? 이런 주장을 편 스페인 심리학자 조르디 쿠아드박은 장애인과 비장애인들의 행복도에 별 차이가 없다는 여러 연구결과를 거론하면서 "건강이 행복에 필수적 요소"라는 미신이 널리 퍼진 이유에 대해 이렇게 말합니다. "사람들은 미래의 행복이나 타인의 행복을 예측할 때 인간의 근원적인 힘, 바로 모든 상황에 적응할 수 있는 능력을 쉽사리 간과한다."[160] 이 주장을 믿건 믿지 않건, 자신의 계급과 건강에 집착하느라 스스로 불행을 재촉하는 일만큼은 하지 않는 게 좋을 것 같다는 생각이 듭니다.

# 18

## 치명적인 병이 삶을 사랑하게 만든다

"몸에 병이 없기를 바라지 마라. 병이 없으면 탐욕이 생기기 쉽나니, 그래서 성현이 말씀하시되 '병으로 약을 삼으라' 하셨느니라."[161] 불교의 경전 『보왕삼매경寶王三昧經』의 첫 구절입니다. 종교는 통하는 걸까요? "질병은 기독교인에게 어울리는 유일한 상황이다."[162] 신앙심이 두터웠던 프랑스 사상가 블레즈 파스칼의 말입니다. 지속적으로 복통, 두통, 불면증, 잇몸 염증에 시달렸던 그는 자신의 병에 대해 신에게 감사했으며, 내내 명랑한 태도를 보였다고 합니다. 심지어 다시 건강해질까봐 걱정할 정도였다고 하니, 그저 놀라울 따름입니다.

파스칼이 대단하긴 하지만, 그의 생각이 병에 대한 기독교의 입장을 대변하는 건 아닙니다. 기독교에선 한동안 병은 악마의 악의나 신의 분노 탓으로 여겨졌지요. 초기 기독교 교회의 대표적인 교부이자 사상가인 아우구스티누스는 기독교도의 병이 악마에 의한 것이라고 했으며, 독일 종교개혁가 마르틴 루터 역시 병을 사탄의 탓으로 돌렸습니다.[163]

"페스트는 계급 관계를 심화시키는 작용을 한다. 그것은 가난한 사람들을 공격하고 부유한 사람들을 면제해준다."[164] 프랑스 철학자 장 폴 사르트르의 말입니다. 유럽 전역에 페스트 공포가 휩쓸었을 때마다 주로 가난한 사람들이 죽어나간 것을 두고 한 말이지요. 오늘날에도 사회적 지위가 건강과 수명을 결정하는 세상이니 크게 다를 건 없지요.

"질병은 역사를 변화시키는 결정적인 요인이다."미국 지리학자이자 역사가인 재러드 다이아몬드의 말입니다. 그는 "제2차 세계대전에 이르기까지 전시에 사망한 사람들 중에는 전투 중 부상으로 죽은 사람보다 전쟁으로 발생한 세균에 희생된 사람이 더 많았다"며 이렇게 말합니다. "위대한 장군들을 칭송하는 전쟁의 역사는 인간의 자존심을 무너뜨리는 한 가지 진실을 외면하고 있다. 즉, 과거의 전쟁에서는 반드시 가장 훌륭한 장군이나 무기를 가졌던 군대가 승리하지는 않았으며 가장 지독한 병원균을 적에게 퍼뜨리는 군대가 승리할 때가 많았다는 사실을 말이다."[165]

"병에 도덕적 의미를 부여하는 것만큼 잔인한 형벌은 없다." 미국 비평가 수전 손태그의 말입니다. "원인이 불분명해 치료가 어려운 중병은 온갖 의미로 넘쳐난다. 무엇보다 끝없는 두려움의 실체(고름, 부패, 불결함, 아노미, 병약)로 병이 지목받는다. 질병 자체가 은유가 된다."[166] 손태그는 한때 유방암에 걸려 사형선고를 받았지만, 강인한 의지로 암을 완치할 수 있었다고 합니다. 당시 그는 암에 걸려 죽어가고 있는 환자들의 모습을 보고 공포와 분노를 느꼈는데, 이때의 생각이 계기가 되어 1978년 『은유로서의 병Illness as Metaphor』이라는 책을 내게 되었습니다.

손태그는 우리의 언어생활에서 은유로 가장 많이 사용된 병은 폐결핵과 암이라는 것을 지적하면서, 현대 전체주의 운동은 병과 관련된 이미지를 많이 사용하고 있다고 말합니다. 예컨대, 나치는 다른 민족과 피가 섞인 사람을 매독 환자라고 불렀으며, 유대인들을 제거되어야 할 매독 또는 암에 비유했지요. 히틀러는 "유대인이 독일 국민들 사이에 인종적 폐결핵을 낳고 있다"고 주장하기까지 했습니다. 손태그는 어떤 현상을 암으로 묘사하는 건 폭력을 선동하는 것이며, 가혹한 조치를 정당화하는 경향이 있다고 말합니다.[167]

프랑스 작가 쥘 르나르는 "병은 죽음을 한 번 몸에 걸쳐보는 것이다"고 했는데,[168] 죽음이라는 옷을 걸쳐보고 나면 세상이 다르게 보입니다. 미국 작가 벨 훅스는 "사람들은 치명적인 질병에 걸리고 나서야 삶을 사랑하게 된다"며 "내 경우에도 죽음 직전까지 가는 병을 앓고 난 뒤에 내 삶에서 사랑이 얼마나 부족했는지 정직하게 되돌아보고 인정할 수 있었다"고 했지요.[169]

미국 작가 리처드 칼슨도 "질병과 부상은 인간의 육체가 얼마나 허약하며, 인생이 얼마나 빨리 지나가는지를 새삼 깨닫게 해준다"며 이렇게 말합니다. "부상을 입거나 중병에 걸렸을 때는 하루하루가 선물이라는 사실을 깨닫게 된다. 삶을 당연히 주어진 것으로 생각하다가 갑자기 주변을 자세히 돌아보고 평범한 하루하루를 경이롭게 여긴다."[170]

하지만 모든 사람이 그런 건 아닙니다. 큰 병에 걸렸다가 살아나고서도 그게 다 자기 잘난 덕인 줄 알고 아무런 마음의 변화가 없는 사람들도 있으니까요. 그럼에도 많은 사람에게 병은 한없이 겸허해질 걸 요구하는 경고라는 건 분명한 사실인 것 같습니다. 삶을 사랑하고 겸허해지기 위해 병에 걸릴 필요는 없겠지만, 병에서 무언가 배우려는 자세만큼은 가져야 하지 않을까요?

**19**

나의 망가진 모습을
매일 되돌아보라

『오만과 편견』(1813) 등과 같은 명작을 남긴 영국 소설가 제인 오스틴은 '산문계의 셰익스피어'라는 별명을 얻을 정도로 뛰어난 작가였지만 겸손으로 유명한 인물입니다. 생전에 책표지에 그녀의 이름이 쓰인 적이 없었으며, 어느 편지에선 이런 말까지 했습니다. "감히 작가가 되고자 했던 여성들 가운데 제가 가장 배운 것 없고, 아는 것도 없는 사람일 거라고 자랑스럽게 말해도 괜찮을 것 같습니다."[171]

물론 그 시절 극심했던 여성 차별을 감안해야겠지

요. 독일 정신과 의사 리하르트 폰 크라프트-에빙은 "아마도 여성적인 겸손함은 문명의 발전 과정에서 세습적으로 진화된 산물일 것이다"고 했는데,[172] 이걸 누가 부정할 수 있겠습니까? 그렇다고 이제 와서 남자들을 그런 진화 과정을 겪게 할 수도 없는 일이니, 남녀를 불문하고 우리 모두 겸손하려고 애쓰는 게 어떨까요?

아무리 겸손을 요청해도 사람들이 듣지 않자 영국 시인 에드먼드 고스는 '더 많은 겸손higher modesty'이라는 표현을 썼지요. 겸손해야 할 필요가 없다고 생각할 정도로 잘난 사람들을 겨냥한 표현이지요. 아무리 똑똑하고 지식이 많아도 여전히 중요한 문제에서 완전히 틀린 판단을 내릴 수 있다는 점을 인식해야 한다는 뜻이지요.[173]

"지적 겸손의 가장 완전한 의미는 멀리서 바라본 자신에 대한 정확한 자각이다." 미국 작가 데이비드 브룩스의 말입니다. "스스로를 아주 가까이에서 클로즈업해보며 캔버스를 온통 자기 자신으로 채우는 청소년기의 관점에서 시야를 확대해 풍경 전체를 조망하는 관점으로 삶의 과정이 이행해가는 것이다. 그 속에서 자신의 강점과 약점, 자신이 관계 맺고 의존하는 사람들, 그리고 더 큰 이야기에서 자신이 할 역할을 파악한다."[174]

브룩스는 초기 기독교 교회의 대표적인 교부이자 사상가인 아우구스티누스의 사상에 기대어 겸손의 미덕을 이렇게 역설합니다. "겸손은 망가진 자신의 모습을 날마다 되돌아보는 것에서 나온다. 겸손은 늘 우월해지기 위해 애써야 하는 끔찍한 스트레스에서 우리를 해방시켜준다. 우리의 관점을 뒤집어 우리가 낮춰보는 경향이 있는 것들을 높은 가치를 지닌 것으로 받아들도록 한다."[175]

"겸손한 사람은 환상 없이 살려고 노력하는 사람이다." 호주 정치학자 존 킨의 말입니다. "그들은 허영과 허위를 싫어하며, 호언장담을 가장한 난센스, 거짓말, 높은 자리에 앉아서 떠드는 엉터리 같은 소리를 싫어한다. 겸손한 인간은 자신이 땅에 발 딛고 사는 거주자라고 느낀다(겸손을 뜻하는 영어 단어 'humility'의 어원은 '땅'을 뜻하는 라틴어 'humus'이다). 이들은 자신이 모든 것을 알지 못한다는 것을 안다."

그는 겸손을 민주주의 문제와 연결시킵니다. "민주적 이상은 언제 어디서나 겸손한 자들의, 겸손한 자들에 의한, 겸손한 자들을 위한 통치라는 관점에서 생각한다." "민주주의는 겸손 위에서 번영한다. 겸손은 얌전하고 순한 성격 혹은 굴종과 절대로 혼동해서는 안 되는, 민주주의의 가장 기본적인 덕이며 오만한 자존심의 해독제이다. 이는 자기 자신과 타인의 한계를 알고 인정하는 능력이다."[176]

"인간의 본성 가운데 가장 넘기 힘든 장벽이 겸손의 반대말인 오만이다. 오죽하면 『성경』에 겸손을 주문한 구절이 32곳이나 될까." 언론인 김학순의 말입니다. 그는 이렇게 호소했지요. "여야를 막론하고 권력은 권력대로, 지식인은 지식인대로, 가진 자는 가진 자들대로, 젊은이들은 또 그들대로, 심지어 장삼이사張三李四에 이르기까지 오만은 도처에 널브러져 나뒹군다. 겸양은 발붙이고 살기조차 어렵게 돼버린 느낌이다. 어쩌면 오만은 풍토병처럼 대지를 휩쓸고 있는지도 모른다.……이제 좀 겸손해지자, 대한민국이여."[177]

좋은 뜻과 열망이 앞선 나머지 겸손하지 못한 경우도 있습니다. 그건 바로 도덕적 우월감 때문이지요. 사회정의를 구현하기 위한 일을 할 때엔 겸손하지 않아도 된다고 생각하기도 합니다. 엄청난 착각입니다. 사회적으로 중요한 일을 맡은 사람들이 아무리 옳은 일을 한다 해도 자신의 '인정 욕구'나 '도덕적 우월감'을 자제하는 겸손을 보일 때에 비로소 자신의 소신을 실천할 가능성이 높아집니다. 늘 다른 사람의 허물은 현미경으로 관찰하려 들면서 자신의 허물은 망원경으로도 보지 않으려는 독선과 오만이 문제지요.

한국인은 누가 아무리 옳은 주장을 펴더라도 그 주장을 펴는 사람의 자격과 행실을 따집니다. 주장에만 주목해달라는 주문은 무력합니다. 말하는 사람의 독선과 오만은 말을 죽이고야 말지요. 겸손으로 무장할 때에 다른 사람들을 설득할 수 있습니다. 성실과 용기와 책임감도 같이 생겨납니다. 겸손이 어렵다면 겸손한 척이라도 하면 좋겠습니다. 겸손한 척하다가 조금이나마 실제로 겸손해질 수 있는 가능성에 기대를 걸고 싶다는 것이지요.

# 20

웃음은 부작용 없는
신경안정제다

사람이 잘 웃으면 진지함이 떨어지고 좀 모자라 보이
나요? 하지만 고대 그리스의 대표 철학자라 할 수 있는
플라톤은 그렇게 생각했던가 봅니다. 그는 『국가론』에
서 '웃음에 대한 욕구의 해로움'을 비판하며 깊이 생각
하는 진지함을 주문했지요. 독일 독문학자 만프레트 가
이어는 웃음에 적대적이었던 플라톤의 과도한 근엄을
다음과 같이 고발합니다.

"플라톤은 철학에서 웃음을 추방했을 뿐만 아니라
우리를 울리고 웃기는 문학작품을 쓰는 시인들을 그의

이상국가에 거주하지 못하도록 거주권을 박탈했으며, 익살꾼과 재담꾼을 철학의 무대에서 완전히 내쫓아버렸다. 진지한 남성들이 어려운 문제에 대하여 철학적으로 사유하는 곳에 웃음을 자극하는 사람들이 설 자리는 없었다."[178]

오늘날이라고 해서 웃음을 좋게만 보는 건 아닙니다. "웃음은 유머에 대한 지적인 반응이 아니라 사회적 동물로서 생존을 위한 본능적 수단이다." 미국 『뉴욕타임스』(2007년 3월 13일)가 웃음에 관한 최근 과학적 연구 결과들을 소개하면서 내린 결론입니다. 사람들은 친구를 만들거나 계층 관계에서 자기 위치를 확인하기 위해 웃는다는 것이죠. 그러니 당신의 썰렁한 농담에 동료나 후배들이 껄껄 웃는다고 자신을 대단한 입담꾼으로 여긴다면 착각일 수 있다는 이야기입니다.[179]

문제는 늘 진짜 웃음이냐 가짜 웃음이냐의 문제로 귀결되는데, 사회생활은 자주 가짜 웃음을 요구합니다. 그게 나쁜 것만도 아니지요. 학자나 전문가들은 웃음이 제공하는 사회적 유대 효과에 주목합니다. 미국 심리학자 대니얼 골먼은 "웃음은 두 사람 사이를 가깝게 해주는 최상의 것이다. 웃음으로 인한 멈출 수 없는 전염적

확산은 즉각적인 사회적 유대관계를 만들어준다"고 했지요.[180] 미국 심리학자 대커 켈트너는 "웃음은 분위기를 만드는 장치이며, 사회적 상호작용을 신뢰와 협력, 호의에 기반을 둔 공동 협력의 만남으로 변화시킨다"며 "웃음은 협력을 가져오는 위대한 스위치다"고 했습니다.[181]

하지만 웃음의 문화는 문화권별로 차이가 크며, 서구권 내에서도 그렇지요. "할 말이 없으면 웃어 보여라.……이 공허함, 이 뿌리 깊은 무관심이 미소 위에 자연스럽게 빛나게 하라." 프랑스 사회학자 장 보드리야르가 미국인에 대한 조롱으로 한 말입니다. 유럽, 특히 북유럽에선 낯선 사람을 보고 웃지 않지만, 미국인들은 낯선 사람을 보고도 잘 웃습니다. 영국 정치학자 헤럴드 라스키는 상대를 가리지 않고 웃는 미국인들의 행동에 유럽인들이 당황스러워한다고 썼으며, 독일 철학자 테어도어 아도르노는 미국에서 볼 수 있는 무차별적 미소는 미국만이 가진 수상쩍은 관습이라고 꼬집었지요.[182]

똑같은 미국인이라지만 남부 사람들이 북부 사람들에 비해 자주 웃습니다. 왜 그럴까요? 남부 남성들은 북부 남성들에 비해 명예를 중시하는데, 명예의 핵심 원리는 모욕이나 위협을 받았을 때 그대로 돌려주는 것이라고 합니다. 이는 실험에서도 입증된 사실입니다. 따라서 잘 웃는 호의적인 행동은 적의를 통제하고 억누르기 위한 노력의 일환인 셈이지요. 미국 심리학자 마리안 라프랑스는 "남부에서 볼 수 있는 호의적인 웃음은 내부인이든 외부인이든 모든 사람의 공격으로부터 자신을 보호하기 위해 입는 방탄조끼와도 같다"며 "하지만 이 모든 친절함과 웃음은 순식간에 사라지고 폭력으로 돌변할 수 있다"고 말합니다.[183]

유럽인이 미국인의 웃음에 당황하는 것처럼, 미국인은 일본인의 웃음에 어리둥절해 한다고 합니다. 특히 유감이나 짜증을 표현해야 할 것 같은 상황에서 일본인들은 웃어 보임으로써 미국인을 당황시킨다는 것이지요. "일본인의 웃음은 극단적인 배려의 표현"이라는 설명도 있긴 하지만, 미국인들에겐 불쾌한 상황에 직면했을 때 웃는 것이 위선적으로 보이지요. 그래서 미국의 여행 작가 폴 디록스는 이런 질문을 던졌지요. "일본인은 고통스러워 보이지 않는 웃음을 지을 수 있을까?"[184]

일본인들과 좀 비슷하긴 하지만, 한국인에겐 '자기방

어적 웃음'이라는 독특한 웃음이 있습니다. 곧 떠날 지하철이나 버스를 타려고 열심히 뛰었지만 결국 타지 못한 사람이 있습니다. 서양인들은 화를 내거나 분해하는 모습을 보이는 반면, 한국인은 주변 사람들의 눈을 의식해 야릇한 웃음을 보이지요. 운 좋게 탔다고 하더라도 반응은 전혀 다릅니다. 서양인은 만족스러운 웃음을 짓지만, 한국인은 근엄한 표정을 짓습니다.

이에 대해 한국학 전문가인 언론인 이규태는 이렇게 말합니다. "서양 사람처럼 타게 된 다행이 기뻐 웃으면 많은 승객들로부터 '그까짓 일로 즐거워하다니 얼마나 단순하고 싱거운 놈인가' 하는 경멸을 당할까 싶어서인 것이다. 이처럼 서양 사람의 웃음은 주체적 웃음인 데 비해 한국 사람의 웃음은 객체적 웃음이랄 수 있다."[185]

"하루를 웃음으로 시작하고 웃음으로 끝내라."[186] 미국 희극 배우 W. C. 필즈의 말입니다. "좋은 울음이 마음의 물빨래라면, 유쾌한 웃음은 마음의 드라이클리닝이다." 미국 시인 퍼잔트 토마잔의 말입니다. "웃음은 부작용 없는 신경안정제"라는 말도 있는데,[187] 위험하지도 않고 돈도 안 드는 이 신경안정제를 자주 복용해보는 게 어떨까요?

# 21

천사는 자신을 가볍게 하기 때문에 날 수 있다

웃음을 탄압했던 플라톤의 어두운 그림자는 유머에도 악영향을 미쳤습니다. "흔히 사유는 풍자와 유머보다 높이 평가된다. 그리고 이러한 평가는 우스운 것에 대한 의미를 전혀 모르는 사상가에 의해 내려진다. 정말 웃기는 일 아닌가?"[188] 덴마크 철학자 쇠렌 키르케고르의 말입니다.

이 '정말 웃기는 일'은 지금도 계속되고 있지요. 영국 심리학자 에드워드 드 보노는 이렇게 말합니다. "이성보다 훨씬 더 중요한 마음 작용인 유머에 철학자들이 거의 관심을 기울이지 않았다는 것은 그저 놀라울 뿐이다. 이성은 인식을 규명하지만 유머는 인식을 바꾼다."[189]

문학 분야에서도 똑같은 일이 벌어지고 있으니 철학만 탓할 일은 아닌 것 같습니다. 미국 작가 E. B. 화이트는 이렇게 말합니다. "나는 '유머 작가'라는 말을 좋아하지 않는다. 그 말은 오해를 불러일으키는 것 같다. 유머는 특별한 작가들의 진지한 작업의 부산물이다. 나는 어니스트 헤밍웨이보다는 돈 마퀴스에게, 시어도어 드라이저보다는 S. J. 페럴먼에게 더 많이 영향을 받았다."[190]

미국 작가 윌리엄 진서도 "퓰리처상은 어니스트 헤밍웨이나 윌리엄 포크너처럼 문학자로 보증된(누가 보증하는지는 모르겠지만) 진지한 작가들에게 돌아간다"며 "이 상이 조지 에이드, H. L. 멩켄, 링 라드너, S. J. 페럴먼, 아트 버크월드, 줄스 파이퍼, 우디 앨런, 개리슨 킬러처럼 장난만 치는 듯한 사람들에게 돌아가는 경우는 좀처럼 없다"고 개탄합니다. 그는 이른바 '유머 작가'를 다음과 같이 옹호합니다.

"하지만 그들은 장난을 치는 게 아니다. 그들은 헤밍 웨이나 포크너 같은, 이 나라를 있는 그대로 마주하게 해주는 국보들만큼이나 진지하다. 그들에게 유머는 긴급한 작업이다. 그것은 보통 작가들이 보통의 방식으로는 잘 표현하지 못하는, 또는 표현한다 해도 너무 평범해서 아무도 읽지 않는 중요한 사실을 특별한 방식으로 말하는 것이다."[191]

"유머가 남성에게는 권력의 도구이지만 여성에겐 결속의 수단이다."[192] 2005년 미국 광고회사 JWT가 내놓은 보고서의 결론입니다. 하지만 도전적인 여성은 유머를 다른 용도로도 사용하지요. 미국 미디어 기업가 아리아나 허핑턴은 "유머는 적극적인 모습에 대한 거부감을 완화시킬 때 큰 효과를 발휘한다"고 말합니다. 너무 진지하게 받아들이지 않아야 도전적으로 행동할 수 있다는 겁니다. 그래서 자신의 엄마는 이런 말을 들려주었다는군요. "천사는 자신의 무게를 가볍게 하기 때문에 날 수 있는 거란다."[193]

"유머란 생각과 개념을 가지고 노는 것이다." 미국 임상심리학자 로드 마틴의 말입니다. "따라서 어떤 상황을 재미있게 보면 관점이 달라진다. 흔히 스트레스 상황에 압도당하면 '끔찍한 상황이야. 여기서 빠져나가야 해'라는 한 가지 생각에 사로잡힌다. 하지만 같은 상황을 해학적으로 보면 자연히 상황이 달리 보이고 경직된 생각에서 벗어날 수 있다."[194]

미국 작가 테일러 클락은 전쟁 포로들이 고문을 당한 장소이기도 했던 수용소 건물에 호화판 카지노 이름을 붙인 걸 예로 들면서 이렇게 말합니다. "유머를 구사하면 공포나 스트레스의 원인을 정서적으로 누그러뜨리고 나아가 상황에 굴복하지 않을 수 있다. 스트레스 요인을 조롱하면 심리적 독소가 제거되면서 상황에 덜 심각해 보이고, 우리의 태도도 두려움과 긴장에서 도전과 통제로 바뀐다."[195]

"너무 심각하게 굴지 않으면 곧 일상에서 유머를 발견하게 된다. 그리고 때때로 유머가 인생을 구원한다."[196] 미국 배우 베티 화이트의 말입니다. "사랑이 다른 사람에게 애정을 갖는 것이라면 유머는 자신에게 애착을 갖는 것이다"는 말이 있는데,[197] 바로 이런 유머의 힘을 두고 한 말인 것 같습니다. 크게 손해볼 일이 없으니, 유머의 힘을 한번 믿어보는 것도 좋을 것 같습니다.

"오줌을 눌 때는 바짝 다가서거라. 남자가 흘리지 말아야 될 것이 눈물만 있는 것은 아니다." 2002년 인터넷에서 화제를 모은 '아버지가 아들에게 보내는 26가지 삶의 지혜' 가운데 하나입니다. 이게 바로 유머의 힘이죠. 이걸 읽고서도 슬그머니 미소를 짓지 않는다면 문제 있는 사람이 아닐까요?

# 22

## 낙관주의자로 사는 것이 더 재미있다

선뜻 동의하긴 어려울지 몰라도, 한국은 낙관주의가 흘러넘치는 나라입니다. 심리학계 연구에 따르면, 한국인은 다른 나라보다 유독 '비현실적 낙관성unrealistic optimism' 지표가 높게 나타난다고 합니다. 좋은 일은 객관적 확률보다 자주 일어날 것이라 믿고, 나쁜 일은 실제 일어날 확률보다 덜 일어날 거라 믿는 경향이 있다는 겁니다. 이런 한국인의 심리는 맨손에서 시작한 지난 70년의 기적 같은 경제성장의 밑거름이 된 측면이 있지만, 오늘날엔 각종 대형 사고의 원인이 되고 있다는 것이지요.[198]

낙관주의와 비관주의는 각기 일장일단一長一短이 있기 때문에 어떤 것이 더 좋다고 말하긴 어렵습니다. 프랑스 작가 장 콕토는 "낙관주의자는 눈이 멀었고 비관주의자는 원한을 품고 있다"고 했는데,[199] 바꿔 말하면 낙관주의자는 원한이 없고 비관주의자는 눈이 밝다고 말할 수 있겠지요.

낙관주의를 가장 독하게 공격한 이는 단연 염세주의 철학자로 유명한 독일 철학자 아르투어 쇼펜하우어였습니다. 그는 이런 독설을 퍼부었지요. "낙관주의는 그들의 얄팍한 이마 아래에 말만 품고 있는 이들의 생각 없는 이야기에 불과할 뿐만 아니라, 터무니없는 것에 그치지 않고, 인류의 형언할 수 없는 괴로움을 혹독하게 조롱하는 정말로 사악한 사고방식인 것으로 보인다."[200]

사회개혁의 관점에서 낙관주의를 비판한 이들도 있는데, 그 대표적 인물은 미국 철학자 존 듀이지요. 그는 "낙관주의는 너무나도 쉽게, 편하고 안락하게 사는 사람들, 이 세상의 보상을 얻는 데 성공한 사람들의 신조가 된다"며 이렇게 말합니다. "너무나도 쉽게 낙관주의는 그것을 견지하는 사람들로 하여금 불운한 사람들의 고통에 대해 냉담하고 무감각하게 만들거나 타자의 문제의 원인을 그의 인격적 결함에서 찾도록 한다. 그렇기 때문에 낙관주의는 극단적인 명목상의 차이에도 불구하고 동감적인 통찰과 개선을 위한 지적 노력을 마비시키는 데서 비관주의와 협력하고 있는 것이다."[201]

듀이가 이런 주장을 한 것은 미국이 전형적인 '낙관주의 국가'였기 때문이지요. "미국 국민들은 우산을 가지고 다니지 않는다. 언제까지라도 햇살 속에서 걸을 준비가 되어 있기 때문이다."[202] 1928년 대선에서 공화당 후보 허버트 후버에게 패한 민주당 후보 알 스미스의 말입니다. 미국 양대 정당 모두 이런 낙관주의에 중독되어 있었기 때문에 1929년 대공황이 일어났다는 주장이 있지요.

"역사는 우리를 낙관주의자로 만드는 경향이 있다." 1929년 미국에서 『주식시장의 새로운 지평』이라는 책을 출간한 에이모스 다이스라는 사람이 책에서 한 말입니다. "우리는 이 나라의 인구가, 풍요로움이, 그리고 좋은 것들에 대한 욕구가 맹렬한 기세로 증가하는 것을 목격했다. 모든 세대가 자신들의 생애에서 경험한 진보의 속도에 전율을 느꼈다. 낙관적인 기운은 그야말로 대기 중에 만연해 있다."[203]

"절대 비관주의자는 되지 말라. 낙관주의자보다 비
관주의자 생각이 맞을 때가 더 많지만 낙관주의자로 사
는 것이 더 재미있다."[204] 미국의 SF 작가인 로버트 하
인라인의 말입니다. 사실 낙관주의건 비관주의건 이런
딱지가 붙는 건 결과에 의해 좌우되는 경향이 있습니
다. 그런데 결과를 확인하는 시간은 매우 짧고 결과에
이르기까지의 시간은 매우 길지요. 그러니 재미있게 살
려면 아무래도 낙관주의가 유리하지 않을까요? 한국인
은 지나친 낙관주의가 문제라는 주장도 있으니, 조심스
럽긴 하네요.

"우리가 애착심을 품는 욕망의 대상이 실은 우리의
삶을 파괴한다." 미국 영문학자 로런 벌랜트의 말입니
다. 그는 우리를 해치는 삶의 방식이 결국엔 결실을 맺
어 우리를 행복하게 해줄 것이라는 완강하고 비이성적
인 믿음을 가리켜 '잔인한 낙관주의cruel optimism'라고
했지요. 이에 대해 영문학자 박미선은 이렇게 말합니
다. "현재 우리에게 계층 상승, 안정된 직업, 친밀한 관
계의 지속, 사회적 평등은 점점 더 달성하기 어려운 일
이 되었다. 우리가 원하는 것을 얻기가 어려워질수록

그것은 그만큼 더 좋은 것이 되며 좋은 삶에 대한 우리의 애착은 그 삶에 다가가기 어려운 정도에 비례해서 환상으로 발전된다."[205]

그렇다면, 어떻게 해야 할까요? 프랑스 작가 로맹 롤랑은 "지성의 비관주의는 의지의 낙관주의를 배제하지 않는다"고 했는데,[206] 바로 여기에 답이 있는 게 아닐까요? 이성과 지성으론 세상을 비관적으로 보더라도 감성과 의지는 낙관적인 쪽으로 나아가면 어떻겠느냐는 겁니다.

물론 이마저 '비현실적 낙관주의'라거나 '잔인한 낙관주의'의 소지가 다분하긴 합니다만, 캐나다 인류학자 라이어널 타이거의 주장에 의지해보는 건 어떨지요. 그는 인간이라는 종이 진화 가능한 까닭은 현실에 관한 낙관적 환상 때문이라고 했는데,[207] 인간은 진화를 위해서도, 개인의 자기발전을 위해서도, 앞으로 계속 낙관주의에 의존할 수밖에 없다고 보아야 하지 않을까요? 게다가 낙관주의자로 사는 것이 더 재미있다니, 무엇을 망설이겠습니까?

**23**

이름이 바뀌면 향기도 달라진다

지난 2005년 복잡했던 개명改名 절차가 간소화되면서 일어난 '개명 붐'은 지금도 지속되고 있습니다. 가정법원에 갈 것도 없이 인터넷을 통해서도 간편하게 개명 신청을 할 수 있으며, 기간은 5~8주 정도로 짧아졌지요. 대부분 촌스럽거나 놀림감이 되는 이름을 바꾼다지만, 달라진 이름으로 새로운 정체성을 갖기를 희망하는 사람이 많지요.

"이름에 무엇이 있는가? 장미를 무엇이라 부르건 달콤한 향기는 여전하다." 윌리엄 셰익스피어의 『로미오와 줄리엣』에 나오는 말입니다. 셰익스피어가 이 말을 한 취지는 이해하거니와 동의하지만, 정색을 하고 말하자면 이건 과학적으론 옳지 않은 생각입니다. 영국 옥스퍼드대학 에드먼드 롤스 교수 연구팀의 연구에 따르면, 사물의 이름이 불러일으키는 연상 작용이 실제로 냄새를 느끼는 데에 영향을 미친다는 사실이 밝혀졌지요. 장미를 호박꽃이라고 부르면 덜 향기롭게 느껴지지만 고약한 냄새를 풍기는 사물에 그럴듯한 이름을 붙이면 냄새도 나아진다는 겁니다.[208]

사람 이름도 다를 게 없지요. 실험 결과, 미국인의 이름 중 Michael, James, Wendy 등은 능동적인 느낌을 주는 반면, Alfreda, Percival, Isadore 등은 수동적인 느낌을 주는 것으로 밝혀졌습니다. 교수들은 시험 채점 시 익숙한 이름에게 유리한 점수를 주는 경향이 있는 것으로 밝혀졌는데, 실제로 하버드대학에선 특이한 이름을 가진 학생들의 낙제율이 높았다는군요.[209]

미국 행동과학자 브렛 펠럼의 연구에 따르면, 데니스Dennis라는 이름을 가진 사람이 치과의사dentist, 로렌스Lawrence라는 이름을 가진 사람이 법률가lawyer가 되는 비율이 특이하게 높았다고 합니다. 또 루이스Louis라는 이름을 가진 사람이 세인트루이스Saint Louis로, 조지 George라는 이름을 가진 사람이 조지아Georgia주로 이사를 가는 비율이 상대적으로 높았다고 합니다. 사람은 본능적으로 익숙한 것에 이끌린다는 강력한 증거라는 거죠.[210]

"내가 그의 이름을 불러주기 전에는 그는 다만 하나의 몸짓에 지나지 않았다. 내가 그의 이름을 불러주었을 때 그는 나에게로 와서 꽃이 되었다." 시인 김춘수의 시 「꽃」입니다. 이 시에 대해 국문학자 김용희는 "누군가가 나의 이름을 불러주어야만 나의 정체성이 완성된다"고 했습니다.[211] 그렇다면 어떤 이름이냐가 중요하다는 걸 시사해주는 시가 아닐까요?

"만나는 사람들의 이름을 꼭 외워두라." 미국의 처세술 전문가 데일 카네기의 말입니다. 그는 "수많은 사람들이 다른 사람의 이름을 기억하지 못하는 이유는 이름을 반복해서 외우려고 애쓰는 데 시간이나 공을 들이지 않기 때문이다. 사람들은 이름을 외우기에는 자신들이 너무 바쁘다는 핑계를 댄다"며 다음과 같이 말합니다.

"하지만 사람들이 아무리 바빠도 프랭클린 D. 루스

벨트만큼 바쁜 사람이 있을까? 그래도 루스벨트는 자신과 만난 기계공의 이름까지도 기억하고 외우는 데 시간을 냈다.……루스벨트는 타인의 호의를 얻는 가장 단순하고, 가장 명확하며, 가장 중요한 방법은 상대의 이름을 기억하고 그를 중요한 사람이라고 느끼게 하는 것임을 알고 있었다. 그러나 우리 중에는 몇 명이나 그렇게 하고 있는가?"[212]

"부하들의 이름을 외우는 것이야말로 그들에 대한 관심과 애정을 보여주는 좋은 예이다. 이름을 외우는 것은 끊임없이 공을 들여야 하는 예술이다."[213] 미국 육군 장성 존 반센의 말입니다. 아주 좋은 말이네요. 카네기도 예로 들었듯이 직업적으로 이름 외우기의 선수는 단연 정치인들이며, 이 방면에서 루스벨트 못지않게 두각을 보인 인물은 미국 제40대 대통령 로널드 레이건이었지요.

레이건은 영화배우에서 정치인으로 변신한 이후 외우고 있어야 할 사람들의 목록을 작성해 사진으로 카드를 만들어 뒷면에 이름을 쓰고 시간 나는 대로 그걸 외우는 맹훈련을 했지요. 사진을 보자마자 이름을 떠올리고, 반대로 이름을 보고 얼굴을 떠올리는 훈련이었다고 하네요. 이런 훈련 끝에 그 목록에 있는 사람을 만났을 때 이름을 불러주면 그 사람은 감동하기 마련이지요.

레이건은 기자회견 때도 그런 공을 들였지요. 기자회견 시 예정되어 있지 않은 기자가 질문을 하면 대통령의 연단에 부착되어 있는 작은 스크린에 질문하는 기자의 이름이 나타납니다. 물론 대통령만 볼 수 있게 되어 있지요. 그러면 레이건은 할아버지가 손자의 이름을 부르듯이 그 기자의 퍼스트네임을 다정히 부르며 답변을 시작합니다. 이를 텔레비전으로 지켜보는 시청자들은 레이건이 백악관의 모든 기자의 이름을 다 알고 있을 정도로 기억력과 인간관계가 비상하다는 인상을 갖기 마련이지요.[214]

서로 가깝지 않더라도 친근하게 부르면 실제로 친근해진다는 주장도 있습니다. 친근해지기 싫어서 일부러 거리두기를 하는 사람들도 있지만, 그게 아니라면 모호한 관계에 있는 사람을 좀 친근하게 불러보는 건 어떨까요? 부르다가 내가 죽을 이름도 아닌데, 뭐 그렇게 어렵게 생각할 필요가 있을까요?

**24** 책임은 약자가 지고
용서는 강자가 받는다

고위 공직자의 책임 이야기가 나오면 자주 거론되는 명언이 있습니다. 미국 제33대 대통령 해리 트루먼이 백악관 집무실 책상의 명패에 새겨두고 좌우명으로 삼은 말이라는데, 아주 간단합니다. "The Buck Stops Here." 우리말로 번역하자면, "내가 모든 책임을 지고 결정한다"는 것이지요. 이 말은 포커게임에서 공정하게 딜러의 순번을 결정하기 위해 사용한 'buckhorn knife'에서 나왔습니다. 손잡이가 사슴뿔로 된 칼을 다음 딜러에게 넘겨주는 것passing the buck이 곧 '책임과 의무를 전가한다'는 관용어로 굳어졌고, 이에 따라 수사

슴 혹은 1달러를 의미했던 buck에 책임이라는 뜻이
추가된 것이지요.[215]

트루먼은 대통령 이임식 연설에서도 "대통령은 그
누구에게도 책임을 전가할 수 없다. 그 누구도 대통령
의 결정을 대신해줄 수는 없다. 결정은 온전히 대통령
의 몫이다"라고 말하기도 했습니다.[216] 그렇습니다. 아
니, 그래야지요. 설사 아랫사람이 잘못한 일이라도 책
임은 높은 사람이 져야 하는 겁니다. 윌리엄 셰익스피
어가 "왕관을 쓰려는 자 그 무게를 견뎌라"라는 명언을
남겼듯이, 높은 자리란 그만큼 책임이 크다는 걸 의미
하는 것이지요.

그런데 현실에서 실제로 일어나는 일은 정반대입니
다. 미국의 사회생물학자이자 미래학자인 레베카 코스
타는 "역사를 돌이켜 보면, 여러 문명에서 '복잡한 문
제가 지속될 때마다 문제의 책임을 개인에게 떠넘기는'
뚜렷한 패턴이 드러난다. 사실 문제가 크고 위험할수록
개인이 책임을 질 가능성도 높아진다"며 다음과 같이
말합니다.

"'책임의 개인화'가 작동하는 방식은 단순하다. 지도

자들은 복잡하고 위험한 문제들을 해결하는 것이 불가능해지면 위협을 바로잡아야 할 책임을 다른 개인에게 전가하기 시작한다. 이러한 현상이 발생하면 뿌리 깊은 사회적 결함을 해결하기 위한 관심과 자원, 노력은 뒷전으로 밀리고 고발에만 치중하게 된다."[217]

개인에게 책임을 묻는 현상이 지위와 서열 고하를 막론하고 균등하게 적용된다면 모르겠지만, 그것도 아니지요. 미국 저널리스트 크리스토퍼 헤이스는 "책임은 힘없는 사람이 지고 용서는 힘 있는 사람이 받는다"고 말합니다. 그의 다음과 같은 개탄이 과연 미국 사회에만 적용되고 한국은 무관한 것인지 고민해볼 필요가 있겠습니다.

"맨 윗자리에는 사기꾼들이 있고, 우리 사회의 엘리트들은 일반 대중이 알지 못하는 사기극에 연루되어 있으며, 그 사기극은 능력주의라는 우리 사회의 전체 질서를 참담하게 농락하고 있다.……우리의 시스템은 선행을 보상하고 악행을 처벌해야 하지만, 어디를 보든 악한 사람들이 훨씬 호화스럽게 사는 것 같다."[218]

그런 사회체제를 가리켜 민주주의라고 할 수 있는

걸까요? 미국 언론인 노먼 커즌스는 "민주주의에서 개인은 궁극적인 권력을 누리는 동시에 궁극적 책임도 져야 한다"고 했지만, 우리가 목격하고 있는 현실은 '책임 없는 민주주의'가 아닌가요? 특히 막중한 책임감을 진 지도자와 정치인들의 책임 회피가 심합니다. 법의 그물에 걸려 처벌을 받지 않는 한, 자신이 진 책임을 져야 하는 '책임 윤리'는 눈곱만큼도 없는 것 같습니다.

한국은 입신양명立身揚名이 책임 윤리를 압도하는 나라이지요. 가문의 영광을 위해 고위 공직을 탐하면서도 자신이 한 일에 대해 책임을 지지 않고, 국민도 그런 책임을 잘 묻지 않습니다. 그저 한자리했다는 것만 높이 평가합니다. 그런 공모에 의해 책임은 약자가 지고 용서는 강자가 받는 비극이 지속되는 건지도 모르겠습니다.

참 희한한 일입니다. 엘리트는 한사코 책임을 피하려 드는 반면, 보통 사람, 특히 실패한 사람들은 '책임의 개인화'에 철저한 모습을 보이고 있으니 말입니다. 물론 이들은 세상 탓을 하긴 합니다만, 최종적으론 '내 탓'이라는 결론을 받아들입니다. 다른 방법이 없으니까요. 자기계발 전문가들도 '내 탓'을 할 때에 비로소 길이 열린다고 역설합니다. 미국의 자기계발 작가 마이크

허나키는 다음과 같이 말합니다.

"당신 인생의 모든 상황과 조건을 만들어낸 것은 '오직 당신'이라는 점을 인정해야 한다. 지금의 당신이 어떤 모습이든 '오직 당신'이 그런 모습을 만들었다는 것을 인정해야 한다. 지금의 건강, 재정, 인간관계, 직업적 삶, 이 모든 것은 '당신'이 만든 것이며 다른 누구의 것도 아니고 당신의 것이다."[219]

이 말이 현실적으로 잘못된 건 아닙니다. 세상이 자신을 도와주지 않는 가운데 최종 책임은 자신에게 있다는 '내 탓'을 하지 않고선 다시 일어설 수 없으니까 말입니다. 그런데 문제는 이런 사고방식이 모든 이의 일상적 삶의 지혜로까지 통하면서 생기는 일입니다. 이들은 잘못된 시스템이나 사회를 바꿔야 한다는 생각은 꿈에도 하지 않습니다. 그냥 주어진 조건하에서 각자 자기 하기 나름이라는 신앙만 신봉할 뿐입니다. 그래서 세상은 달라지지 않고, 책임을 져야 할 엘리트 계급은 아무런 책임도 지지 않은 채 승승장구할 수 있지요. 이거 이대로 좋은가요?

# 25

**멋진 삶이 최상의 복수다**

거의 20년 전인 2001년 최고의 흥행 기록을 세운 영화는 곽경택 감독의 〈친구〉였습니다. 유오성과 장동건이 주연을 한 이 영화는 신드롬이라고 해도 좋을 정도로 사회적 선풍을 불러일으켰지요. 이 영화에선 싸움을 제일 잘하는 깡패가 순진한 모범생인 자기 친구를 괴롭히려는 이웃 학교의 깡패들을 죽도록 두들겨 패놓고 이렇게 말합니다. "왜 그렇게 패냐꼬? 아예 용서해주고 친구가 되든지, 아니면 확실하게 지기 패야 한다. 그래가꼬 길에서 다시 눈만 마주쳐도 오줌을 찍 싸도록 맹길어야지, 그래 안 하모 다시 대든다 아이가."[220]

이런 이론(?)의 원조는 이탈리아 정치가이자 사상가인 마키아벨리입니다. 그는 이렇게 말했지요. "인간은 쓰다듬어주거나 아니면 무력화시켜야 할 존재다. 사람은 작은 상처를 입으면 복수를 하려고 하지만 심한 상처에 대해서는 그럴 엄두도 내지 못한다. 그러므로 상처를 입히려면 복수를 두려워할 필요가 없을 정도로 과격해야 한다."[221]

잔인한 말이네요. 그럼에도 이 원리는 정치적 권력 투쟁과 조폭들의 싸움에서 자주 실천되어왔지요. 그럼에도 고대에서 오늘에 이르기까지 복수에 대해 좋게 말하는 사람은 거의 없었습니다. 좀 이상하지 않나요? 일반적인 인간관계에서는 달라야 한다는 뜻이었을까요?

"복수는 고통의 고백이다."[222] 고대 로마의 격언입니다. "복수보다는 무시가 상처를 빨리 낫게 한다"는 말도 있지요. "자만심이나 허영심이 강한 사람들은 복수심도 강하다." 독일 철학자 아르투어 쇼펜하우어의 말입니다. 그는 "사람들은 자연의 재난에 의한 피해에 대해서는 고통스럽지만 복수를 품지 않는다"며 이렇게 말합니다. "하지만 다른 사람의 의지 때문에 받은 피해에 대해서는 참지 못한다. 특히 다른 사람의 폭력이나

간계로 인한 피해에 대해서는 자신의 무력감과 열등의식 때문에 보상 심리가 작용한다. 자신도 가해자 못지않게 우월하다는 것을 증명해 보이려는 것이다."[223]

"복수 충동은 이기심을 포함한 모든 것의 우선순위를 밀어내고 삶의 열정을 잠식한다. 복수심에 지배당한 인간은 모든 지적 능력과 모든 에너지를 복수 성취라는 목표 하나에 집중한다."[224] 독일 정신과의사 카렌 호나이의 말입니다.

"멋진 삶이 최상의 복수다." 독일 작가 바버라 베르크한의 말입니다. "복수는 생각하지 않는 것이 좋다. 그렇지 않으면 복수한 만큼 다른 것을 포기해야 한다. 복수는 나의 에너지를 상대에게 구속시켜 빼앗기게 한다. 그렇게 되면 상대가 나의 소중한 에너지를 불어넣은 최후의 사람이 될지도 모른다."[225]

이렇듯 복수는 늘 비판의 대상이 되어왔습니다. 복수는 정말 나쁜 걸까요? 미국 작가 수전 자코비는 좀 다른 견해를 제시합니다. "우리는 복수에 비해 용서와 망각이라는 개념에 훨씬 편안함을 느끼지만, 그것은 비현실적이다"는 겁니다.[226] 미국 심리학자 마이클 매컬러프는 복수심을 '명백하게 비정상적인 감정'으로 여기는 '복수의 질병 모델'은 지난 1,000년간은 서구적 사고방식의 일반적인 기준이었다며, 다음과 같이 말합니다.

"서양에서 손꼽히는 극작가, 소설가, 수필가들 역시 복수의 질병 모델은 장사 밑천으로 써먹는다.……복수심은 고통받는 사람의 내면에서 무엇인가가 실패했다는 증거이며, 따라서 복수심으로 가득 찬 사람을 환자로 다루어야 한다는 생각은 이제 더이상 생각할 가치도 없을 정도의 정설이 되었다. 심지어 정신건강 전문의들조차 복수심과 질병의 연결고리를 실증적으로 확인하기보다 단순한 진실로 받아들였다."[227]

'복수의 질병 모델'은 여전히 건재함에도 우리 인간 세상에서 복수가 끊이지 않는 이유는 무엇일까요? "복수 충동 때문에 우리는 사회적 규범을 어긴 사람이 처벌받는 것을 보면 만족을 느낀다. 이는 부족사회적 본능으로, 생물학적으로 깊이 뿌리박힌 현상이다." 캐나다 철학자 조지프 히스의 말입니다. 그는 "인간은 여타 영장류와 달리 제3자가 끼어들어 자신과 상관없는 남의 잘못된 행동을 교정하거나 처벌하곤 한다"며 다음과 같이 말합니다.

"복수 충동은 인간의 협업을 가능하게 하는 특성 중 하나다. 제3자로부터도 처벌받을 수 있으므로 그런 위험까지 감수하면서 남을 등쳐먹으려는 결정은 하지 않게 되는 것이다. 이는 남이 나를 등쳐먹을 가능성이 적으리라는 의미이기도 하다. 따라서 처벌은 협력적 행동, 더 일반적으로는 도덕적 행동을 가능하게 한다."[228]

그래서 복수를 열심히 하자는 이야기가 아닙니다. 복수엔 용서와 망각이 대체할 수 없는 그 나름의 사회적 기능이 있다는 것이지요. 복수는 일종의 '난폭한 정의wild justice'라고 했던 영국 철학자 프랜시스 베이컨의 다음 말은 어떤가요? "복수하려는 사람은 보란 듯이 자신의 상처를 그대로 둔다. 그렇게 하지 않는다면 상처는 깨끗이 아물 것이다."[229]

"멋진 삶이 최상의 복수다"는 말은 권력이나 돈을 많이 가지라는 말이 아닙니다. 나의 삶을 상대의 지배하에 놓이게 하지 말라는 뜻이지요. 이게 어렵다면, 복수를 포기하진 않을망정 자신의 상처를 그대로 두거나 더 키워가면서 복수의 의지를 불태우는 건 다시 생각해 보는 게 어떨지요.

# 26

베드로가 예수께 묻습니다. "주여 형제가 내게 죄를 범하면 몇 번이나 용서하여 주리이까 일곱 번까지 하오리이까." 예수는 이렇게 답합니다. "일곱 번뿐 아니라 일곱 번을 일흔 번까지라도 할지니라." 『성경』「마태복음」 제18장 제21~22절에 나오는 이야기입니다. 70번을 70번 하면 490번인데, 이게 도대체 가능한 이야기인지요.

미국 정치학자 해나 아렌트는 "인간사에서 용서의 역할을 발견한 사람은 나사렛 예수다"며 "그가 종교적인 맥락에서 용서를 발견하고 종교적인 언어로 용서를 명확히 못 박았다고 해서 세속적으로 우리가 용서를 진지하게 받아들이지 않아도 되는 면죄부를 얻은 것은 아니다"고 했습니다. 미국 작가 커트 보니것도 아렌트의 이런 주장에 맞장구를 쳤지요. "예수는 항상 용서라는 근본적인 개념을 따랐다. 누군가 당신을 욕보였다면 원한을 풀어야 한다. 따라서 예수의 발명품은 아인슈타인의 발명품만큼 근본적이다."[230]

그럼에도 용서는 평범한 인간에겐 정말 어려운 것입니다. 시인 정호승의 시 「용서의 의자」를 읽는 법은 여러 가지일 수 있겠지만, 용서의 어려움이 녹아 있는 게 아닐까요? "나의 지구에는 / 용서의 의자가 하나 놓여 있다 / 의자에 앉기만 하면 누구나 / 용서할 수 있고 용서받을 수 있는 / 절대고독의 의자 하나 / …… / 못이 툭 튀어나와 살짝 엉덩이를 들고 앉아야 하는 / 앉을 때마다 삐걱삐걱 눈물의 소리가 나는 / 작은 의자 하나."[231]

어려운 것은 어렵게 말해야 하는데, 너무도 쉽게 용서를 말하는 사람이 많습니다. 많은 지식인이 피해자도 아니면서 피해자들을 향해 용서의 미덕이나 아름다움을 주장하지요. 이른바 '용서 부추기기forgiveness boosterism'가 기승을 부리고 있는 겁니다.[232]

"잊지 않고도 용서할 수 있으며 용서하지 않고도 화해할 수 있다." 오스트리아 작가 아르투어 슈니츨러의 말입니다. 이에 대해 김영민은 이렇게 말합니다. "누구든 '생각' 속에 용서할 수 있으며 화해의 '의도' 속에서 말할 수 있다. 그러나 생각도 의도도 용서에 이르지 못한다. 그렇기에, '해야 하므로 할 수 있다'는 칸트류의 명제야말로 전형적인 윤리적 도착倒錯인 것이다. 오히려 하고 싶어도 할 수 없는 궁지Aporie 속에 용서의 비밀이 있다. 용서는 그저 불가능한 것일 뿐이다."

김영민은 용서마저 이데올로기로 변질되어 '용서의 관료화' 현상이 나타난다고 질타합니다. "그 숱한 위령탑이니 기념비니 하는 국가주의적 조형물들이 보여주듯이 용서조차 물화reification하는 것이다. 그것은 체계가 기계적으로 부리는 제도 속에 표준화한 채로 안착한다. 그래서 너와 나의 상처는, 너와 내가 울고 웃으며 다룰 수 없는 상처는, '용서하라'는 것을 도그마dogma로 가진 자들의 날름거리는 쇠 혓바닥에 의해 재차 능멸당한다."[233]

여성학자 정희진도 "용서처럼, 행위 자체는 드물면서 그토록 많이 쓰이는 말도 흔치 않을 것이다"며 이렇게 말합니다. "나는 용서가 중요하거나 필요한 일이 아니며, 무엇보다 불가능하다고 생각한다. 가해자가 처벌받으면 천운이고, 피해자와 가해자는 각자 자기 길을 가면 된다. 용서는 판타지다. 용서만큼, 가해자 입장의 고급 이데올로기도 없다. 나는 용서에 관한 환상을 깨는 것이 정의라고 생각한다."[234]

그렇지 않은가요? 주로 힘없는 사람들을 향해 퍼부어지는 용서 예찬론은 뭔가 좀 이상합니다. 미국 작가 리처드 칼슨의 책을 읽다가 "용서는 가장 아름다운 사랑이다"는 말을 접하면서 속으로 "아름다운 사랑 좋아하시네!"라면서 코웃음을 쳤습니다. 아름다운 사랑을 하려면 자기나 열심히 할 것이지, 왜 주제넘게 남에게 이래라 저래라 하는 걸까요?

그런데 책을 더 읽어나가다가 접한, 아이를 납치당해 잃은 어느 어머니의 한마디는 강한 울림으로 다가왔습니다. "그때 내가 절망에 빠져 용서를 하지 않았다면 술과 마약으로 인생을 망쳤을 거예요."[235] 자신의 어린 딸을 칼로 찔러 죽인 10대 소녀를 용서하기로 결심한

다른 어머니의 말도 비슷합니다. "내가 그 아이를 용서하지 않으면 비통과 분노가 나를 완전히 다른 사람으로 만들어버릴 것 같았어요."[236]

그렇습니다. 바로 이게 문제이지요. 이런 경우가 꽤 많습니다. 1981년 전두환의 5공 정권 치하에서 필화 사건으로 극심한 고문을 받았던 소설가 한수산은 그 당시 보안사의 책임자였던 노태우가 1987년 대통령에 당선되자 "도저히 이런 나라에서 살기도 힘들고, 할 수 있는 일도 없다"며 한국을 등지고 일본으로 떠났지요. 후일 한수산은 노태우 등 신군부 일당에 대해 '용서'를 택했습니다. 그는 자신이 그들을 용서하지 않을 수 없는 이유에 대해 다음과 같이 말했습니다.

"'사랑을 해봐야 용서한다'란 말이 있다. 나는 힘들게 힘들게 그들이 내 삶에 끼친 고통스런 기억에서 벗어나기 위해 노력했다. 그러나 결국 돌아보니 그들을 위해서가 아니라 나를 위해서 용서하고 있었다. 그들은 하나도 안 변했지 않은가. 결국 저들은 용서받지 못한 자들이다. 나는 나를 위해 그들을 용서했다."[237]

물론 이 경우의 용서는 진정한 용서는 아닙니다. 가

해자가 반성도 하지 않고 용서도 빌지 않는 상황에서 내가 생존하기 위한 수단으로서의 용서일 뿐이지요. 그러나 많은 사람이 박수치는 용서보다는 오히려 이런 용서가 더 감동적이지 않나요? 사람들이 위선적으로 또는 무책임하게 예찬하는 이른바 '진정한 용서'가 아니라 내가 살기 위해서 불가피하게 하는 용서, 이게 훨씬 더 인간적인 게 아닌가요?

# 27

# 과잉 공감에 주의하라

우리는 천하의 호색한이나 난봉꾼을 가리켜 '카사노바'라고 부릅니다. 18세기 이탈리아의 문필가였던 카사노바가 실제로 그런 삶을 살았기 때문이지요. 카사노바의 선배 격 되는 돈 후안은 17세기 스페인의 전설 속 인물이지만 각종 예술 형식을 통해 널리 알려져 카사노바의 라이벌로 간주됩니다.

모든 사람이 '그놈이 그놈'이겠거니 하고 둘을 한통속으로 여겼는데, 오스트리아 작가 슈테판 츠바이크가이의를 제기하고 나섰습니다. 돈 후안은 여성의 몸을 정복하는 데에만 집착했기 때문에 사랑의 감정은 전혀 없었다고 합니다. 반면 카사노바는 자신이 여성과 사랑에 빠졌다고 믿으면서 그 여성에게 최대한의 기쁨과 쾌감을 주기 위해 애를 썼다는 겁니다.[238]

프랑스 작가 미셸 투르니에는 돈 후안과 그의 후예들이 "제일 좋아하는 스포츠는 '여자를 바닥에 눕히는 것'"이지만, 카사노바는 "여자의 모든 것을 사랑한다"며, 이렇게 말합니다. "돈 후안이 부유한 귀족인데 반해 카사노바는 가난한 천민 출신이다. 여자를 유혹하기 위해 그가 가진 것이라곤 개인적인 매력밖에는 없다. 그는 미남도 아니다. 그러나 여자들은 그가 몸과 마음을 다해서 자신을 사랑하고 있다는 것을 처음부터 알아차린다."[239]

영국 사회학자 지그문트 바우만은 두 사람의 차이를 '공감'의 문제로 해석합니다. 물론 카사노바에게 공감 능력이 조금 더 있었다고 보는 것이지요. 그는 "우리의 현재 세계는 우리를 작은 돈 후안들로 변화시키고 있다"며 이렇게 개탄합니다. "그들에게 중요한 것은 다른 사람들의 희생을 대가로 자신의 성공을 제조하고 자신의 전설을 창조하는 것이다."[240]

어차피 둘 다 덧없는 단기적 관계를 추구했던 바람둥이였는데, 그런 차이가 무슨 의미가 있느냐는 반론도 가능할 것입니다. 어차피 곧 떠나갈 건데, 오히려 돈 후안의 방식이 상처를 덜 남길 게 아니냐는 주장도 가능하겠지요. 그렇다면 문제는 공감의 지속성일 텐데, 이게 오늘날에도 공감 전문가들 사이에서 자주 논의되는 쟁점입니다.

사실 공감엔 여러 제약이 있지요. "우리의 관심이 가족에서 이웃, 사회, 세계로 나아갈수록 공감의 강도가 줄어든다."[241] 스코틀랜드 철학자 데이비드 흄의 말입니다. 또한 공감 능력은 사람에 따라 크게 다릅니다. 우리는 인간만이 유일하게 공감 능력을 지녔다고 생각하지만, 최근 연구에 따르면 생쥐한테도 일종의 공감 능력이 관찰된다고 합니다.[242] 그런데 생쥐보다 못한 공감 능력을 가진 인간도 적지 않지요. 일반적으로 말하자면, "사회적 지위가 낮은 사람들의 공감 능력이 더 높다"고 합니다. 미국 언론인 크리스토퍼 헤이스는 그 이유에 대해 다음과 같이 말합니다.

"그들의 삶과 재산, 운명이 이웃과 지역민들뿐 아니라 권력을 가진 사람들의 변덕에 큰 영향을 받기 때문이다. 따라서 그들은 자연스럽게 타인의 감정과 욕구를 추론하는 수단을 정교하게 발달시킨다. 그와 반대로 권력과 지위가 높은 사람들은 상대적으로 타인에게 의존하는 정도가 낮고, 그래서 그런 능력이 발달하지 않는다. 혹은 권력이 강해지고 지위가 높아지면서 그러한 능력이 쇠퇴한다."[243]

공감은 이념이나 정치적 성향과도 관련이 있는 걸까요? "공감은 진보적인 도덕적 세계관의 핵심이다." 미국 언어학자 조지 레이코프의 주장입니다. "(따라서) 진보주의자는 공포에 근거한 프레임을 수용하기보다는 오히려 당연히 자신의 도덕적 세계관, 즉 공감과 책임, 희망에 대해 더 많은 이야기를 해야 한다."[244] 도덕적 세계관에서 '진보는 공감, 보수는 공포'라는 그의 이분법엔 동의하기 어렵네요. 레이코프가 진보주의자로서 골수 민주당 지지자라는 점을 감안할 필요가 있겠습니다. 한국을 보더라도 공감을 무시하는 점에선 진보와 보수 사이에 별 차이가 없거든요. 둘 다 상대편이 집권하면 나라가 망한다고 아우성을 치는 '공포 마케팅'에 능하지 않은가요?

"시민들이 우물에 빠진 아이의 소식에는 눈을 떼지

못하면서 기후 변화에는 무관심한 이유는 공감 때문이다." 미국 심리학자 폴 블룸이 『공감의 배신』(2016)에서 한 말입니다. 그는 "소수의 고통에 예민하게 반응하는 우리의 감정이 다수에게 비참한 결과를 초래한다"며 이렇게 주장합니다. "앞날을 계획할 때는 공감이라는 직감에 의존하는 것보다도 도덕상의 의미와 예상 결과에 대한 이성적이고도 반反공감적인 분석을 따르는 것이 낫다."[245]

공감을 예찬하는 말들의 홍수 속에서 살아온 사람들이 이런 주장에 반감을 갖는 건 당연한 일이겠지요. 블룸은 공감에 반대한다는 이유로 온갖 비난에 시달렸고, 심지어 '도덕적 괴물'이라는 비난까지 받았다고 합니다.[246] 공감을 하더라도 적당히 해야 한다는 선에서 그쳤으면 좋았을 텐데, 블룸이 너무 나간 걸까요?

"과잉 공감에 주의하라." 영국 심리학자 재키 마슨의 말입니다. 그는 과잉 공감의 가장 큰 문제는 거절을 하지 못하는 것이라고 말합니다. "거절당하고 실망했을 때의 기분을 알기 때문에 타인을 실망시키지 않으려 노력하는 것이다. 우리는 바로 이 공감 능력 때문에 타인을 거절한 후 감정에 상처를 주었을지도 모른다는 죄책감을 느끼게 된다."[247]

그런 과잉 공감은 일시적이라는 데에 문제가 있지요. 나중에 후회할 가능성이 높다는 겁니다. 결국 공감의 지속 가능성과 공감 능력의 불균등이 문제네요. 어떤 사람은 공감을 너무 잘해 늘 손해만 보면서 살고, 또 어떤 사람들은 공감을 하지 않는 걸 무기로 삼아 자신의 이익만 챙기니 말입니다. 과잉 공감에 주의하라는 말에 비난을 퍼부을 사람은 없겠지요?

# 28

# 용기란 작은 걸음들의 축적이다

"용기를 뽐내려는 마사이족 남자들 때문에 아프리카 사자의 씨가 마를 지경이다." 영국 『더 타임스』(2006년 5월 30일)의 기사 내용입니다. 케냐와 탄자니아 사이에서 전통을 고수하며 사는 부족인 마사이족 원로인 파스토르 나루아엔고프는 "사자 사냥은 우리 전통의 일부"라며 "사자를 잡으면 용기를 인정받고, 여자들의 관심도 끌게 된다"고 말했다는군요. 실제로 사자 사냥에 성공한 올레 은가야미에는 부족 여자들 사이에서 인기 최고의 남자가 되었는데, 문제는 이런 사냥으로 인해 이 지역 사자가 멸종 위기에 처했다는 점입니다.[248]

이 기사가 나온 지 며칠 후인 2006년 6월 5일『로이터통신』은 이런 기사를 전했습니다. 우크라이나의 키예프동물원에서 이름이 알려지지 않은 한 남성이 "신이 계시다면 나를 안전하게 지켜주실 것"이라고 큰소리를 치면서 사자 우리로 들어갔다가, 암사자의 일격에 동맥이 끊어져 숨지는 사건이 일어났다는군요.[249]

사자와 대결하는 그런 유형의 용기도 용기일까요? 용기를 뜻하는 영어 courage의 어근인 'cor'는 라틴어로 '심장'을 뜻합니다. 원래 courage는 "진심에서 우러나 자기 생각을 말한다"는 의미였지만, 시간이 흐르면서 그 의미가 변해 현재는 주로 영웅적이고 용감한 행동에 관련되어 사용되지요.[250] 그런 의미의 변화 때문인지 동서고금東西古今을 막론하고 용기의 정의를 둘러싼 해석이 분분했습니다.

그리스 철학자 아리스토텔레스는 용기 있는 사람의 특징은 고귀함을 위해 고귀한 죽음을 내거는 것이라고 했습니다. 그는 '고귀함'을 강조하긴 했지만, 용감한 사람은 "자신의 방패를 던지고 돌아서서 도망갈 줄도 안다"고 했지요. 예컨대 싸움의 대의는 고상하나 승리의 가망이 없는 경우, 또 자신이 잃을 것이 너무 많은 싸움

의 경우가 그렇다는 겁니다.[251]

　　용기의 판별법이 의외로 복잡하다는 생각이 듭니다. 영국 경제학자 애덤 스미스는 "가장 겁 없는 용사는 가장 부도덕한 목적을 위해 자신을 바칠 수도 있다"고 했지요.[252] 대량 학살을 저지른 사람들이 바로 그런 경우이겠지요. "그는 용기와 규율이 좋은 대의를 위해 쓰일 때에만 좋은 것이라는 걸 너무 늦게 깨달았다." 제2차 세계대전 때 독일 장군이었던 에르빈 로멜의 아들로 스투가르트 시장이었던 만프레트 로멜이 1985년 텔레비전 인터뷰에서 한 말입니다.

　　"문명화된 사회에서는 착하고 소심한 사람이 용감한 사람보다 훨씬 유용하지만 여전히 우리는 본능적으로 용기 있는 자들을 겁쟁이보다 더 높이 평가한다." 영국의 생물학자이자 진화론자인 찰스 다윈의 말입니다. 유대인으로 독일계 미국 학자인 에리히 프롬도 비슷한 말을 합니다. "인간은 평범한 일상을 넘어서려는 노력을 하면서 엄청난 모험을 찾아나서야 한다든지 인간 존재의 한계를 내다보고 또 넘어서야 한다고 생각했다. 이 때문에 위대한 미덕이나 지탄 받을 부덕이라는 개념이 생겨났고 창조적 행위나 파괴적 행동이 마찬가지로 멋지고 매혹적인 것으로 비춰지게 되었다."[253]

"우리가 대단히 낯설고 특이하고 이해할 수 없는 것들을 마주하려면 용기가 필요하다."[254] 독일 시인 라이너 마리아 릴케의 말입니다. 사실 경험을 통해 새로운 것을 만나고 색다른 것을 받아들이는 건 결코 쉬운 일이 아니지요.

"부관들과 동료들이 다소 마음에 들지 않거나 심지어는 적의를 품고 있다는 것을 알면서도 꿋꿋이 이끌어가는 것이야말로 좀처럼 찾아보기 어려운 정치인의 진정한 용기이다." 미국 정치학자 엘리엇 코언의 말입니다. "이는 포탄이 휘날리는 전장도 마다않고 방문하는 형이하학적 용기와는 다소 차이가 난다. 이런 진정한 용기가 없다면 그 외의 모든 장점들도 아무 소용이 없을 것이다."[255]

"천재를 만나든 평범한 남자를 만나든, 그 사람을 떠나려면 용기가 필요하다." 미국 미디어 기업가 아리아나 허핑턴의 말입니다. "너무 지긋지긋해서 고통스러운 현재에 머물기보다는 불확실한 미래를 선택할 용기가 필요하다는 말이다."[256]

이 모두가 다 용기에 대한 색다른 해석이라고 할 수 있겠습니다. 용기란 특별한 것이 아니라 우리의 일상적 삶 곳곳에서 발휘되어야 할 덕목이 아닐까요? 그런 점에서 헝가리 작가 죄르지 콘라드가 "용기란 작은 걸음들의 축적이다"고 말한 게 인상적입니다.[257] 우리 모두 1년 365일 내내 조금씩 용감하게 사는 게 어떨지요.

# 29

습관이란 무엇일까요? 『국어사전』은 "여러 번 오랫동안 되풀이하면서 몸에 밴 행동"으로 정의하고 있지만, 다음과 같은 재치 있는 정의가 가슴에 더 와닿습니다. "어떤 행동을 하지 않을 경우, 약간의 고통이 유발된다면 그것은 습관이라고 할 수 있다." 사람에 따라, 또 어떤 행동이냐에 따라, 습관의 농도가 다를 수 있기에 이 정의에서 '고통'을 '불편함'이나 '가려움'으로 대체해도 무방하겠습니다.[258]

습관은 독재자입니다. 고대의 현인들은 이 사실을

165

잘 알고 있었지요. 그리스 철학자 아리스토텔레스는 "습관은 오랫동안 반복한 행위로 결국 인간의 천성이 된 것이다"며 이렇게 말했습니다. "사람은 반복적으로 행하는 것에 따라 판명된 존재다. 따라서 우수성이란 단일 행동이 아니라 바로 습관이다."[259] 이후에도 습관의 독재성을 지적한 명언이 무수히 쏟아져나왔지요.

영국 작가 존 드라이든은 "사람이 습관을 만들고 습관이 사람을 만든다"고 했고, 미국 목사 너새니얼 에먼스은 "습관은 최상의 하인이 될 수도 있고 최악의 주인이 될 수도 있다"고 했으며, 미국 정치가이자 교육개혁가인 호러스 만은 "습관은 철사를 꼬아 만든 쇠줄과 같다. 매일 가느다란 철사를 엮다 보면 이내 끊을 수 없는 쇠줄이 된다"고 했습니다.[260]

최초라고 해도 좋을 정도로 학문적으로 습관에 지대한 관심을 기울인 이는 미국 철학자이자 심리학자인 윌리엄 제임스입니다. 그는 "우리 삶이 일정한 형태를 띠는 한 우리 삶은 습관 덩어리일 뿐이다"고 했으며, 더 나아가 "습관은 사회의 회전 속도를 조절하는 거대한 바퀴이며 가장 중요한 보수적 힘이다"고 했지요.[261]

하지만 제임스는 습관의 독재를 넘어설 수 있는 가능성을 포기하지는 않았습니다. 그는 "나의 세대가 이룩한 발견 중에서 가장 위대한 것은 습관을 바꾸는 것만으로도 자신의 인생을 확 바꿀 수 있다는 사실이다"고 말함으로써,[262] 이후 수많은 자기계발 전문가가 '습관 독재 타도'를 자기계발의 주요 주제로 삼는 이론적 발판을 마련해주었습니다.

"습관은 우리의 인격이 입고 있는 의복과 같다." 미국의 자기계발 전문가 맥스웰 몰츠의 말입니다. 미국의 성형외과 의사 출신으로 '마음의 성형수술'이 필요하다는 깨달음에 의해 성공학 전도사로 변신한 맥스웰 몰츠는 영어에서 habit(습관)은 원래 의복이나 옷감을 의미했는데, 그 흔적이 아직도 '승마복riding habit'이나 '복장habiliment' 같은 단어에 남아 있다는 점에 주목합니다. "그것은 생각지도 않은 일이나 우연이 낳은 결과가 아니다. 자신에게 딱 들어맞기 때문에 그것을 입고 있는 것이다. 그것은 우리의 자아 이미지나 성격 유형과도 일치한다."[263]

늘 입던 유형의 옷을 바꾸는 게 쉽지 않듯이, 습관을 바꾸는 것도 쉽지 않은 일입니다. 게다가 거의 모든 기업이 소비자의 습관 형성을 위해 총력을 기울이고 있기 때문에 그 공세를 막아내기가 정말 어렵지요. 미국의 게임 전문가인 이안 보고스트는 그런 습관 형성 첨단 기술들의 유행을 '금세기의 담배'라고 부르며 그 안에 잠재되어 있는 파괴적 부작용과 중독성을 엄중히 경고한 바 있지요.[264]

그럼에도 담배를 끊는 사람들이 많듯이, 잘못된 습관을 바꾸는 게 불가능한 일은 아닙니다. 미국 작가 마크 트웨인은 "오래된 습관을 창밖으로 던져 버릴 수는 없다. 잘 구슬려서 조금씩 밖으로 밀어내야 한다"고 했습니다.[265] 그렇습니다. 우리는 습관을 바꾸고자 할 때에 처음엔 독한 마음을 먹지만, 시간이 흐를수록 흐물흐물해지지요. 아예 처음부터 구슬려 보겠다는 자세를 갖는 게 어떨까요? '습관의 독재'에 대한 저항은 실패하고 또 실패하더라도 계속 시도해볼 만한 가치가 있지요. 윌리엄 제임스의 말마따나, 습관이 바뀌면 인생이 바뀌니까 말입니다.

습관의 문제를 다룬 자기계발서들 가운데 독자를 설득하는 힘이 가장 뛰어난 건 미국의 자기계발 전문가 제임스 클리어의 『아주 작은 습관의 힘』(2018)이란 책이 아닌가 합니다. 그는 잘못된 습관을 고치거나 바꾸려는 사람들이 중도에 포기할 걸 염려해 이렇게 말합니다. "열심히 하는데 성과가 없다고 불평하는 건 온도가 영하 4도에서 영하 1도까지 올라가는 동안 왜 얼음이 녹지 않느냐고 불평하는 것과 같다. 노력은 결코 헛되지 않다. 쌓이고 있다. 모든 일은 0도가 되어야 일어난다."[266] 천천히, 아주 천천히, 습관을 바꾸는 습관을 갖도록 애써 보는 게 어떨지요.

## 스스로 바뀌지 않으면
## 어떤 것도 바꿀 수 없다

# 30

혹 누구에게 변화를 주문한 적은 없는가요? "넌 그게 문제야. 좀 바꿔봐!"라거나 "당신은 왜 그 버릇을 못 바꿔?"라고 말한 적은 없는가요? 그렇게 말하는 당신은 바꿀 게 전혀 없는 건지, 바꾸는 데에 성공했는지, 자문자답해볼 필요가 있겠습니다. 오래전 러시아 작가 레프 톨스토이가 이런 말을 했네요. "모든 사람이 세상을 바꿀 생각을 하지만 자신을 바꾸려고 하진 않는다."

"진보는 변화 없인 불가능하다. 스스로 바뀌지 않는 사람은 그 어떤 것도 바꿀 수 없다." 영국 작가 조지 버나드 쇼의 말입니다. 변화는 말처럼 쉬운 건 아니지요. 이미 익숙해 있던 것과 결별해야 하니까요. 그래서 진보가 어려운 것인가 봅니다.

특히 앞장서서 변화를 외치는 사람들은 자신은 변했는지 그것부터 살펴보면 좋겠네요. 실천하긴 힘들망정, 인도 지도자 마하트마 간디의 다음 명언을 책상 앞에 써붙여두는 것도 좋겠습니다. "우리 자신이 우리가 세상에서 찾고 있는 변화가 되어야 한다."[267]

미국 제35대 대통령 존 F. 케네디는 "변화는 삶의 규칙이다. 과거나 현재만 바라보는 사람은 미래를 놓친다"고 했습니다.[268] 그러는 케네디 자신은 좋은 방향으로 충분히 자신을 바꾸었는지는 의문이지만, 말인즉슨 백번 옳습니다. 변화를 너무 즐기는 것도 문제라는 데에서 위안을 찾아야 할까요?

"인간에게 다른 피조물을 지배하는 힘을 준 것은 변화하려는 인간의 능력이다."[269] 불가리아 출신의 영국 작가이자 문화인류학자인 엘리아스 카네티의 말입니다. 문명사적인 거시적 시각으로 보면 그렇지만, 인간세계 내부에선 변화에 대한 저항이 만만치 않으니 바로 그게 문제지요.

"변화를 위해 가장 중요한 요소가 무엇인지 아는가? 위기감이다."[270] 미국 경영학자 존 코터의 말입니다. 혹 그건 너무 늦은 건 아닐까요? "변화를 시도하는 데에 가장 좋은 시점은 변화가 전혀 필요치 않다고 여겨질 때다."[271] 미국 리더십 전문가 데이비드 코트렐의 말입니다. 왜 그럴까요? "변화가 필요하다고 느끼는 어려운 상황에선 좌절과 심지어는 패닉 상태에 빠지는 반면, 변화가 필요치 않다고 느끼는 좋은 환경에선 차분하고 명석한 판단으로 대처할 수 있기 때문이다"는 게 그의 주장입니다.

코트렐은 그런 이치를 가리켜 '변화의 역설Paradox of Change'이라고 하네요. 꽤 그럴듯합니다. 다만, 이걸 실천하는 게 쉽진 않겠다는 생각은 듭니다. 잘나가고 있는데 괜히 바꾸었다가 실패를 본 사람도 많으니까 말이지요. 변화란 타이밍의 예술인지도 모르겠습니다.

조직에선 타이밍과 더불어 참여도도 중요하지요. "변화는 그 영향을 받는 사람들이 기획에 참여할 때에 성공 가능성이 높아진다는 것을 명심하라."[272] 미국 리더십 전문가 워런 베니스의 말입니다. 조직에서 혼자 뛰거나 설쳐서는 변화가 어렵습니다. 변화를 해야 할 사람들의 능동성을 이끌어내기 위해선 그들이 주체로서 참여해야 하지요. 누군가에게 변화를 요구하면서도 수동적이고 종속적인 위치를 전제로 해서 그랬던 것은 아닌지 돌아볼 필요가 있겠습니다.

자기계발 베스트셀러인 『누가 내 치즈를 옮겼을까』의 저자인 스펜서 존슨은 이 책에서 "변하지 않으면 살아남을 수 없다"고 주장합니다.[273] 하지만 이런 변화 요구에 부정적인 시각도 있습니다. 미국 사회학자 미키 맥기는 이 책 속의 '작은 사람들'은 "약간의 치즈를 얻기 위해 그들의 가족과 배경, 전통과 지리적 장소, 그리고 사고습관과 신념마저도 버릴 수 있는 개인들"이라며 다음과 같이 말합니다.

"그들은 자신의 신념에 따라 행동하고 자신의 꿈을 현실화함으로써 자기 실현하는 개인들이 아니다. 오히려 그들은 먹고살기 위해 허둥대며 시달리는 개인들이다. 그들은 심지어 가족을 거느릴 만큼 안정적이지도 못하다. 쥐보다도 능력이 떨어지는 이 인물들은 인간적 역량으로 고양되기보다 배고픔과 절망이라는 동물적

생존 수준으로 영락해버린다."[274]

  날카로운 지적입니다만, 문제는 그런 최소한의 생존
마저 개인적인 변화 없인 할 수 없는 현실이겠지요. 이
런 '책임의 개인화'가 철옹성 같은 사회 시스템으로 고
착된 세상에서 구조 개혁이 이루어지는 날까지 그들은
그런 식으로라도 생존해나갈 수밖에 없는 게 아닐까요?

  "변화는 곧 고통이다." 미국의 정신과학자 제프리 슈
워츠의 말입니다. 이미 굳어진 습관을 뒤흔들려고 나서
는 변화 자체가 스트레스와 불쾌감을 증폭시킨다는 것
이지요.[275] 그러니 사람들이 변화를 거부하는 것도 이해
가 됩니다만, 그래도 살아남으려면, 아니 자신의 삶의
의미를 누리기 위해선, 그런 고통을 이겨내야지 어쩌겠
습니까? 세상에 공짜는 없는 법이지요. 변하지 않아도
살아남을 수 있는 세상을 만드는 일도 변화 없인 어려
운 것이기에 우리 모두 갈 길이 멀다고 할 수 있겠지요.

# 31

## 과감하게 스스로 생각해보도록 하라

'생각 좀 하고 살아라.' 우리 주변에서 가끔 들을 수 있는 말입니다. 아무 생각 없이 사는 것 같은, 좀 한심하게 보이는 사람에게 하는 말이지요. 그런 사람을 '무개념'이라고 부르기도 합니다. '무개념'은 주로 최소한의 예의를 갖추지 못한 사람들을 가리키는 말이지만, 예의를 무시하는 몰상식도 생각을 할 줄 알아야 깨달을 수 있는 것이지요.

로마 황제이자 철학자인 마르쿠스 아우렐리우스는 "우리 인생은 우리의 생각이 만드는 것이다"고 했는데,[276] 이런 취지의 명언이 많습니다. "세상에는 좋고 나쁜 게 따로 있지 않다. 생각이 그렇게 만들 뿐이다."[277] 윌리엄 셰익스피어의 말입니다. "어제의 생각이 오늘의 당신을 만들고, 오늘의 생각이 내일의 당신을 만든다."[278] 프랑스 사상가 블레즈 파스칼의 말입니다.

이 명언들은 오늘날에도 자기계발의 용도로 자주 거론되지요. 미국 기업가 클라우드 브리스톨은 "생각은 모든 부와 성공, 물질적 이익, 위대한 발견과 발명, 모든 업적의 근원이다"고 했고,[279] 미국 교육학자 웨인 다이어는 "행동은 사고의 지배를 받는다. 다시 말해서 당신 생각은 삶을 만들기도 하고 파괴하기도 한다"며 생각을 통해 자기주도적인 삶을 살 것을 권합니다.[280]

하지만 생각을 하는 게 그리 쉬운 일은 아니지요. 오죽하면 18세기 프랑스 철학자 볼테르는 "과감하게 스스로 생각해보도록 하라"고 했겠습니까?[281] 프랑스 철학자이자 교육학자인 쥘 페이요는 "대다수 사람들의 목적은 생각을 최소화하며 인생을 살아내는 것이다"고 말합니다.[282] 왜 그럴까요? 왜 생각을 하지 않으려고 하거나 최소화하려고 하는 걸까요?

영국 철학자 버트런드 러셀은 "생각은 인간의 자연스런 행위가 아니므로 고통을 통해 비로소 얻어질 수 있다"며 이렇게 말합니다. "사람들은 대부분 생각하느니 차라리 죽음을 택하곤 했다. 지금도 많은 이들이 그렇게 한다.[283] 훗날 미국의 흑인 민권운동 지도자인 마틴 루서 킹도 "어떤 사람들에겐 생각을 해야 하는 것만큼 고통스러운 일은 없다"고 했지요.[284]

다른 견해도 있기는 합니다. 차원이 좀 다른 이야기이긴 합니다만, 영국 수학자이자 철학자인 앨프리드 노스 화이트헤드는 이런 반론을 제기했지요. "우리가 지금 무엇을 하는지 생각하는 습관을 키워야 한다는 주장은 당연하게 들리지만 크게 잘못된 말이다. 오히려 정반대이다. 문명은 우리가 아무런 생각도 없이 행할 수 있는 중요한 행위들의 수를 확대함으로써 발전한다. 생각이라는 작업은 기병의 돌격과도 같다. 숫자가 엄격하게 제한되어 있고, 팔팔한 말이 필요하며, 결정적인 순간에만 실행해야 한다."[285]

일리 있는 말입니다만, 문제는 '과잉 절약'이겠지요. 화이트헤드가 이 글을 발표한 1911년과는 달리, 오늘날엔 습관적 행동 방식으로 절약하는 정신적 에너지가 너무 많아진 탓에 돌격할 수 있는 기병의 수가 너무 적어졌다는 것이지요. 기업들이 최첨단 기술을 앞세워 사람들의 생각을 대신해주는 걸 이익 창출의 주요 수단으로 삼고 있기 때문에 더욱 그렇지요.

"나는 생각한다. 고로 나는 존재한다"고 외쳤던 17세기 프랑스 철학자 르네 데카르트는 "육체가 없어도 존재할 수 있는, 생각하는 존재"를 꿈꾸었습니다. "눈을 감으라. 귀를 멈추고, 몸의 감각을 차단하라. 모든 육체적인 것의 이미지를 생각에서 몰아내라"는 주문을 읊으면서요. 이후 여러 철학자가 이 꿈에 매달렸습니다만, 육체의 감옥을 탈출할 순 없었지요. 미국 언론인 프랭클린 포어는 오늘날엔 인공지능을 비롯한 테크놀로지가 그 꿈을 좇고 있다며 다음과 같이 말합니다.

"구글은 데카르트가 실패한 프로젝트를 성공시키는 일에 착수했지만, 데카르트의 머릿속을 떠나지 않았던 철학적 질문들을 모두 내다버렸다. 데카르트는 회의와 의심을 강조했지만, 구글은 귀찮게 두 번 생각하지 않았다. 인간의 두뇌를 해방시키는 일을 엔지니어링이 해결할 과제로 취급하고, 이 프로젝트가 인간에게 미칠 영향에 대해서는 가장 기본적인 물음에도 답하지 못한다."[286]

지금 전개되고 있는 인공지능의 시대는 이전과는 차원을 달리해 "생각이란 무엇인가?"라는 근본적인 의문을 제기하는 대사건입니다. 미국 정신분석학자 제임스 보그는 "당신의 생각을 모두 믿어서는 안 된다"고 했습니다만,[287] 이제 인류는 "테크놀로지의 생각을 모두 믿어도 괜찮은 것인가" 하는 의문에 봉착해 있습니다. "명쾌한 생각을 하는 데는 지성보다 용기가 필요하다"는 말이 있습니다만, 이제 우리는 "과감하게 스스로 생각해보도록 하라"는 볼테르의 시절로 되돌아가야 하는 건 아닌지 모르겠습니다.

# 32

# 호기심을 거세하는 교육에 희망은 없다

세계적인 물리학자 알베르트 아인슈타인은 어린 시절 학교에서 수학을 제외하고 성적은 형편없었을 뿐만 아니라 골치 아픈 문제아였다고 합니다. 그는 훗날 자신의 부적응에 대해 "탐구에 대한 신성한 호기심이 압살되어버렸기 때문이다"고 했지요. 그는 호기심이 워낙 강해 호기심을 죽이는 학교가 공포의 대상이었다고 합니다만, 교사들에겐 그가 공포의 대상이었던가 봅니다. 어느 교사에게서 "네가 어느 날 우리 곁을 떠날 수만 있으면 좋겠다"는 말을 들을 정도였으니까요.[288]

오늘날에야 호기심을 예찬하는 사람이 적지 않습니다만, 호기심은 오랜 세월 탄압의 대상이었습니다. "지식을 늘리는 사람은 근심을 늘리는 것이다." 『성경』 「전도서」 제1장 제18절에 나오는 말입니다. 너무 많은 것을 알려고 하는 호기심은 위험하다는 경고지요. 고대 신화에도 그런 경고가 흘러넘칩니다. 문인들은 그런 위험의 구체적 사례들을 알리기에 바빴지요. 고대 로마의 희극작가 티투스 마치우스 플라우투스는 "시기하는 사람 치고 호기심이 많지 않은 사람은 없다"고 했습니다.[289]

심지어 동시대의 유럽인이 영웅으로 부를 정도로 박학다식했던 16세기 네덜란드 인문학자 에라스뮈스마저 호기심은 엘리트 계층에 제한되어야만 하며 '수다스런' 여성을 오염시키도록 해서는 안 된다고 주장했습니다. 영국 사상가 토머스 홉스는 호기심은 '정신의 욕망'으로 '짧고도 격렬한 육체적인 욕망'과는 다르며, 사람이 호기심을 즐기면 즐길수록 더 호기심에 사로잡힌다고 했지요.

유명 지식인들 중 호기심의 가치를 최초로 인정한 이는 프랑스 작가 미셸 몽테뉴였습니다. 그는 일상생활에서 호기심을 이용하는 법을 설명하면서, 독자들에게 '일상생활의 신비'를 잘 살펴보고 또 여행할 때 '알 수 없는 공기의 전염'을 두려워하지 말라고 권고했지요.

일상생활을 넘어서 호기심을 철학적 가치로 인정한 최초의 사상가는 17세기 프랑스 철학자 르네 데카르트 였습니다. 워낙 몸이 허약한데다 불안 증세마저 심했던 그는 침대를 사색하기에 가장 좋은 장소로 여기면서 "나는 생각한다. 고로 존재한다"는 명언을 남겼지요. 그는 모든 사람이 다 호기심을 갖고 있으며, 어떤 것도 호기심을 막을 수 없고, 지식이 증대됨에 따라 호기심 도 필연적으로 증대된다는, 당시로선 이단적인 선언을 하고 나섰습니다.[290]

그렇다고 해서 곧장 호기심의 가치가 인정을 받은 건 아닙니다. 호기심을 예찬해도 괜찮은 사회적 분위기 는 20세기 들어서야 형성되기 시작했다지만 정규 교육 만큼은 호기심을 좋게 보지 않았지요. 19세기 말에 학 교를 다닌 아인슈타인은 "정규교육에서 호기심이 살아 남는 건 기적이다"고 했습니다만, 오늘날에도 여전히 그렇게 말할 수 있는 나라가 많습니다. 한국도 그런 나 라들 중 하나지요. 뇌과학자 정재승은 "호기심을 거세하는 교육에 희망은 없다"며 다음과 같이 말합니다.

"대한민국 교실에는 질문이 없다. 그저 이해가 안 될 때만, 아니 선생님이 쏟아내는 지식을 제대로 입력하기 어려울 때만 확인 차 물어본다. 학생들이 스스로 만든 질문에 스스로 대답을 찾아가는 과정을 가르치지 않는다. 그것이 진짜 공부인데 말이다. 학교는 내가 찾은 답에는 관심이 없다. 이미 입력해야 할 정답이 있기 때문이다. 내 친구의 생각을 내가 관심 가질 필요도 없다. 그건 시험에 안 나오니까."291

호기심이란 무엇일까요? 미국 심리학자 애덤 그랜트의 정의에 따르면, "호기심은 왜 애초에 현재 상태가 존재하게 되었는지 의문을 품는 행위"입니다. 이 과정을 거치지 않으면 세상을 바꾸겠다는 생각은 꿈도 꿀 수가 없지요. 미국 역사학자 진 베이커는 "미국에서 여성이 참정권을 얻기 전, 여성의 지위가 낮은 것은 당연하다고 생각하지 않는 사람은 거의 없었다"며 이렇게 말합니다. "참정권 운동이 탄력을 얻자 그런 관습, 종교적 가르침, 법이 사실은 사람이 만든 것이고, 따라서 바꿀 수 있다는 사실을 깨달은 여성들이 점점 늘어나기 시작했다."292

그렇지요. 과거에 호기심을 탄압했고, 지금도 탄압하는 사람이 많은 건 바로 그런 이유 때문이지요. 교육, 특히 한국 교육은 호기심에 의해 발동되는 탐구를 위한 게 아닙니다. 그런 기능이 전혀 없다고 할 수 없겠지만, 학교의 주요 기능은 사회에서 지위와 서열을 정하는 데에 필요한 기준으로서 '능력'을 키워주는 것이지요. 사람들은 이런 선별 과정의 공정성만 문제 삼을 뿐 "왜 학교가 그런 곳이 되어야 하느냐?"는 호기심은 스스로 거세해버린 지 오래입니다. 그렇다고 호기심 없이 살 수는 없는지라, 우리는 연예인이나 유명 인사의 개인적 삶에 대해 강한 호기심을 갖게 된 건지도 모르겠습니다.

# 33

1980년대에 세계적인 테니스 스타였던 존 매켄로는 언론 인터뷰에서 자신의 성적이 다소 부진한 반면 경쟁자인 이반 렌들이 두각을 나타내고 있는 사실을 어떻게 생각하느냐는 질문을 받았습니다. 그러자 그는 재능에서는 자신이 여전히 앞서며 렌들은 단지 열심히 기술을 연마해 순위가 자기보다 높아졌을 따름이라고 큰소리 쳤지요.[293]

뭔가 좀 이상하지 않나요? 노력보다는 타고난 재능을 더 높게 평가하는 발상이 말입니다. 하지만 매켄로가 괜히 그런 건 아니지요. 그는 세상 사람들의 그런 시각에 영합했을 뿐입니다. 스포츠 분야만 그런 게 아닙니다. 문학도 다를 게 없지요. 우리는 열심히 노력하는 문인보다는 '타고난 문인'을 더 높이 평가하는 경향이 있고, 작가들은 이런 경향에 맞는 이미지를 보이려고 애를 쓰지요.

"정원을 걸으면서 명상을 하다 보면 갑자기 하늘에 쓰여 있는 시구가 보인다." 프랑스 시인 알퐁스 드 라마르틴의 말입니다. 우리는 작가들에게서 이런 식의 말을 많이 듣는데, 그대로 다 믿을 건 아닙니다. 라마르틴의 사망 후 발견된 유품에선 같은 시를 수백 번 수정한 노트가 나왔다지요.[294]

학생 시절에 그런 경험이 있었는지 모르겠습니다만, 공부를 잘하는 아이들은 자신이 노력을 많이 하지 않는 것처럼 보이려고 애를 쓰는 경향이 있지요. 천재 이미지가 노력파라는 이미지보다는 훨씬 더 멋져 보이기 때문이겠지요. 일반 대중도 그렇게 생각하기 때문에 예술가들은 작품을 많이 팔려는 마케팅 차원에서 라마르틴처럼 '신비주의 콘셉트'를 구사하는 것이지요.

"뛰어난 시인은 평범한 시인보다 평생 동안 나쁜 시를 더 많이 썼을 가능성이 있다." 미국 시인 W. H. 오든의 말입니다. 이와 관련, 미국 심리학자 딘 사이먼턴은 『창의성에 대한 진화론』(1999)에서 창조자가 만들어 낸 총생산량은 창의적 작품의 양을 예측할 수 있는 가장 확실한 기준이라고 주장합니다. 이는 위대한 작품의 수와 전체 작품의 수가 비례한다면 뛰어난 작품을 가장 많이 보유하고 있는 작가는 거꾸로 형편없는 작품들을 가장 많이 만들었다는 걸 의미하는 것이기도 하지요.[295]

따라서 사이먼턴의 결론은 이렇습니다. "창의성은 순전히 생산성의 결과다. 히트작의 수를 늘리고 싶으면 실패작의 수도 같이 늘리는 모험을 해야만 한다. 가장 많이 실패한 사람이 결국에는 가장 성공한 창조자가 된다."[296] 그런데 사이먼턴이 주의사항 하나를 빠트린 것 같네요. 자기 분야에서 최정상에 이르기 전까지는 자신의 실패를 가급적 감추라는 주의사항 말입니다. 하기야 그런 말은 굳이 하지 않아도 다들 알아서 그렇게 잘하고 있긴 합니다만.

"창의성은 100미터 달리기보다는 마라톤에 가깝다." 미국 픽사 애니메이션 스튜디오의 공동 설립자인 에드 캣멀의 말입니다. 창의적인 사람들은 어느 날 갑자기 번뜩이는 영감으로 비전을 만드는 것이 아니라 오랜 세월 헌신하고 고생한 끝에 비전을 발견하고 실현한다는 겁니다. 따라서, 목표에 도달하기 위해 오랫동안 페이스를 유지하는 게 중요하다는 이야기죠.[297]

"학교가 창의력을 죽인다." 영국 교육학자 켄 로빈슨의 주장입니다. 그는 "우리가 운영하고 있는 국가 교육 시스템은 학생이라면 응당 하게 되는 실수를 최악의 것으로 치부하는 시스템"이라며 이렇게 말합니다. "교육은 타고난 능력을 계발하고 학생들로 하여금 세상에서 자신들의 길을 갈 수 있게 도와주는 그런 시스템이 되어야 한다. 그러나 현실을 보자. 교육은 너무나 많은 학생들의 개인적 재능과 능력을 옥죄고 있으며 배우고자 하는 그들의 동기를 죽이고 있다."[298]

로빈슨은 어느 날 같은 리버풀 출신으로 비틀스 멤버인 폴 매카트니와 대화를 나누다가 그가 고교 시절 음악 과목에서 썩 두각을 나타내진 못했다는 사실을 알게 되었습니다. 같은 음악 교사에게 배운 다른 비틀스 멤버 조지 해리슨도 음악 시간에 별다른 긍정적 평가를 받지 못했다지요. 로빈슨은 놀라서 이렇게 외칩니다.

"잠깐만요! 그러니까 그 음악 선생은 비틀스 멤버의 절반을 가르쳤단 말이죠? 그러고도 그 아이들의 뛰어난 점을 전혀 발견하지 못했다는 말이네요?"[299]

"창의성을 막는 것 중 하나는 비판에 대한 두려움이다." 미국 작가 루 해리의 말입니다. 그는 이런 두려움을 넘어설 수 있는 해법을 이렇게 제시합니다. "당신이 끝낸 일에 대해 다른 사람들이 할 수 있는 악평들을 생각나는 대로 모두 적어보라."[300]

"자금이 부족할수록, 직원과 자원이 제한될수록, 당신은 더 창조적이 될 수밖에 없다." 미국의 사진 공유 사이트인 플리커의 공동 창업자 카테리나 페이크의 말입니다. 이에 대해 미국의 인터넷 기업가이자 작가인 리드 호프먼은 이렇게 말합니다. "결국 이런 상황에서는 창조적인 기지를 발휘하든지, 아니면 죽든지 둘 중하나다. 스타트업들이 대기업보다 혁신적인 발명에 더 뛰어난 이유도 이 때문이다."[301]

이 모든 명언의 메시지를 종합하자면, 창의성을 발휘하기 위해선 창의성에 대한 환상을 버리는 게 가장 중요할 것 같네요. 펑펑 놀다가도 어느 날 갑자기 어떤 영감이나 통찰력이 퍼뜩 떠오르는 것처럼 여기는 환상 말입니다. 창의성은 100미터 달리기보다는 마라톤에 가깝다는 걸 잊지 말아야 하겠습니다.

# 34

## 오늘의 문제는 과거의 사고로는 풀 수 없다

미국인들은 'No problem'이라는 말을 즐겨 씁니다. 예를 들어 쇼핑몰의 계산대에서 손님이 계산을 마치고 나오며 'Thank you'라고 말하면 점원은 'No problem'이라고 대답하지요. 이에 대해 임귀열은 이렇게 말합니다. "손님은 갑자기 기분이 나빠진다. 순간 '내가 물건 사주는 것이 문제 사항problem이었단 말인가?' 하는 의구심이 들기 때문이다. 물론 'No problem'이 'You're welcome' 대신 자주 쓰이는 말이기는 하지만, 엄밀히 따지면 적절치 못한 표현이라는 견해도 있다."[302] 반면 인도에서 'No problem'

의 용법은 다르니 주의해야 한다는군요. 예컨대, 택시 기사에게 급하니 빨리 가달라고 부탁할 때 기사가 'No problem'이라고 말하면 그저 '알아들었다'는 의미일 뿐 제시간에 맞춰준다는 게 아니랍니다.[303]

"대부분의 사람들은 문제를 해결하기보다는 문제 주위를 어슬렁거리는 데 더 많은 시간과 에너지를 쓴 다."[304] 미국의 '자동차 왕' 헨리 포드의 말입니다. 어쩌 겠습니까. 답은 못 찾겠고, 일하는 시늉은 내야 하고, 그러니 어슬렁거릴 수밖에요. 직장인이라면 누구든 이 런 경험이 있지 않을까요?

"잘 설정된 문제는 반쯤 풀린 것이나 마찬가지다."[305] 미국 철학자 존 듀이의 말입니다. 어떤 조직에서건 한 번이라도 장시간의 회의를 해본 사람이라면, 이 말을 실감할 겁니다. 어떤 문제, 즉 의제로 회의를 할 것이냐 에 따라 회의의 결과는 크게 달라집니다. 번지수를 잘 못 찾은 엉뚱한 문제를 의제로 삼으면 아무리 긴 시간 동안 회의를 해도 답이 나오질 않지요.

"오늘의 세계 문제는 그것을 만들어낸 과거의 사고 로는 풀 수가 없다."[306] 세계적인 물리학자 알베르트 아인슈타인의 말입니다. 어디 세계 문제뿐일까요? 직장에서도 비슷한 일이 벌어지는데, 이게 참 사람 잡는 말입니다. 여태까지 해온 사고방식이란 게 있는데, 그 사고의 틀을 버리고 새로운 사고를 하라니 죽을 맛이지요. 그런데 어렵긴 하지만 어떻게 시도하느냐에 따라 그게 얼마든지 가능하다는 이야기입니다. 어쩌겠습니까? 힘들어도 시험 공부하던 학생 시절의 열정을 다시 불러내야 하지 않을까요.

"복잡한 문제에는 반드시 간단하고 깔끔하며 잘못된 해결책이 있다."[307] 미국 작가 헨리 루이 멩켄의 말입니다. 답이 없거나 해결하는 데에 아주 오랜 시간이 걸리는 문제에 대해 즉각 답을 내놓는다면, 설사 선의일지라도 사기 치는 걸로 보아도 무방합니다. 한국의 대학 입시 문제가 그렇지요. 이 문제는 과도한 임금 격차 문제와 직결되어 있기 때문에 교육정책의 변화만으론 해결할 수 없으며, 올바른 방법을 쓴다 해도 수십 년 걸려야 해결될 수 있는 문제이지요. 그럼에도 5년짜리 정권들은 즉답을 내놓는 '사기' 행위를 저지릅니다. 당장 답을 내놓으라고 요구하는 사람들도 문제지요. 그래서 문제가 문제를 낳는 끝없는 악순환이 벌어지는 건지도 모르겠습니다.

"삶의 문제에 대한 해결책은 그 문제가 사라질 때 보인다."[308] 오스트리아 출신 영국 철학자 루트비히 비트겐슈타인의 말입니다. "맞아, 맞아"하며 적극 수긍할 사람이 많을 것 같습니다. 하지만, 문제가 사라질 때 해결책이라고 여기는 것은 해결책이 아닐 수도 있습니다. 문제가 사라질 때라는 상황이 해결책처럼 보이게 만들 수 있다는 뜻이지요.

"어려운 문제는 최선을 다할 수 있는 기회다." 미국 작곡가이자 밴드 리더인 듀크 엘링턴의 말입니다. 풀기 어려운 문제가 나타나면 긴장하면서 애를 써야 하기 때문에 저절로 최선을 다하는 기회가 되는 셈이지요.

"문제들을 지식과 변화를 가져다 줄 수 있는 작은 기적들로 보라." 미국의 자기계발 전문가인 레오 버스카글리아의 말입니다. 어렸을 때부터 시험에 지친 사람들에겐 가혹하게 들릴 수도 있겠지만, 우리는 죽는 날까지 늘 풀어야 할 문제에 직면하게 되지요. 그러니 그런 발상의 전환을 해보자는 요청이 허황된 이야긴 아닌 것 같네요.

# 35

**최악은 아무런 결정도 내리지 않는 것이다**

많은 독자의 사랑을 받은 김지혜의 『선량한 차별주의자』는 '결정장애'라는 말로 시작합니다. 어느 토론회에서 이 말을 썼더니, 토론회가 끝난 뒤 어느 분이 다가와 "그런데 왜 결정장애라는 말을 쓰셨어요?"라고 묻더라는 겁니다. 그건 질문이라기보다는 사실상의 질책이었습니다. 이후 벌어진 일은 직접 이 책을 사서 읽어보시기 바랍니다. 아주 좋은 책이니까요. 다만, '결정장애'라는 말을 쓰면 안 되는 이유에 대해선 밝혀두는 게 좋겠네요. "무언가에 '장애'를 붙이는 건 '부족함', '열등함'을 의미하고, 그런 관념 속에서 '장애인'은 늘 부족

하고 열등한 존재로 여겨진다"는 거죠.[309]

저 역시 이 대목을 읽으면서 뜨끔했습니다. 아니 그런 사람이 많았을 것 같습니다. 지난 2014년에 번역·출간된 오스트리아 저널리스트 올리버 예게스의 『Generation Maybe』라는 책의 제목도 『결정장애 세대』였고,[310] 이후 언론의 기사 제목으로까지 많이 쓰였거든. 우리 모두 '선량한 차별주의자'가 되지 않기 위해 조심하는 동시에 결정에 큰 어려움을 겪지 않도록 애써보는 게 어떨까요?

"우유부단優柔不斷이 상습적인 사람만큼 가련한 사람은 없다." 미국 철학자이자 심리학자인 윌리엄 제임스의 말입니다. 이에 맞장구치듯, 미국 제26대 대통령 시어도어 루스벨트는 "결정을 해야 할 순간에 최선은 옳은 결정을 내리는 것이고, 차선은 잘못된 결정을 내리는 것이고, 최악은 아무런 결정도 내리지 않는 것이다"고 했지요.

물론 결정이 쉬운 건 아닙니다. 결정할 때의 마음은 흔들리기 마련이지요. 미국 작가 앨버트 허버드는 "일을 하는 데엔 큰 힘이 들지 않지만 무엇을 할 것인지를 결정하는 데엔 큰 힘이 필요하다"고 했고, 프랑스 소설가 마르셀 프루스트는 "우리의 모든 최종 결정은 영속되지 않을 마음 상태에서 이루어진다"고 했지요.

프랑스 시인 폴 발레리는 "내가 늘 내 생각에 동의하는 것은 아니다"고 했습니다.[311] 이 말은 고대 그리스 철학자 플라톤이 한 말을 떠올리게 만드네요. "생각은 영혼과 영혼이 나누는 대화다." 내 안에 여러 '내'가 있지요. 그래서 다툼이 일어납니다. 나는 이런 생각을 했지만, 다른 나는 그 생각이 잘못되었다고 말합니다. 이런 갈등 때문에 사람들은 결정을 힘들어 하지요. 결정은 옛날 사람들에게도 쉽지 않았겠지만, 오늘날엔 옛날에 비해 더욱 힘들어졌습니다.

미국 미래학자 앨빈 토플러가 1970년에 출간한 『미래의 충격Future Shock』은 세계 50개국에서 700만 부 이상 팔리면서 토플러를 하루아침에 세계적인 명사로 만들어주었습니다. 토플러가 말하는 '미래의 충격'은 테크놀로지 등의 발전으로 인한 급격한 변화에 따른 개인의 부적응 현상을 가리킵니다. 이 책에서 '변화의 방향'보다는 '변화의 속도'를 강조한 토플러는 미래의 딜레마가 '선택의 과잉overchoice'이라고 말했지요.[312]

그로부터 20여 년 후 토플러는 '결정의 과부하decision overload'가 민주주의 운영의 중대 과제로 떠올랐다고 말했습니다. 오늘날 기존의 정치구조들로 쏟아지고 있는 정보의 양과 의사 결정의 부하는 이미 그 한계를 넘어섰음에도 의사 결정 권한은 여전히 정치 시스템의 상층부에만 머물러 있다는 것입니다.[313] 그것도 문제지만, 더 큰 문제는 그 상층부가 믿기지 않을 정도로 결정에 무능하다는 것입니다.

이와 관련, 국회의원 이철희는 2019년 5월 "지금 대한민국이 겪고 있는 혼란과 정체는 오롯이 정치 탓이다.……더 정확하게는 국회의 무결정no decision 때문이다. 국회가 옳든 그르든 결정을 내려주어야 하는데, 국회가 우리 사회의 오래된 주요 어젠다에 대해 어떤 결정도 내리지 못하고 있다"며 다음과 같이 말했지요.

"무결정은 모두를 우왕좌왕 혼란스럽게 만든다. 서로 이해관계가 상충하는 세력 간의 갈등과 대립을 부추긴다. 각자 자신에게 유리한 결정이 내려지도록 로비하고 압박할 것이기 때문이다. 또 무결정의 숨은 혜택은 기득권에 돌아간다. 어떤 결정을 내려야 할 상황이 도래한 것은 새로운 변화가 필요하기 때문인데, 변화 여

부나 변화의 방향에 대해 아무런 결정을 내리지 않으면 기득권자들에게만 유리할 따름이다."[314]

'선택의 과잉'과 '결정의 과부하'는 개인에게 더 큰 혼란을 초래하고 있어 급기야 '결정 공포증decidophobia' 이라는 말까지 유행시켰습니다. decision과 phobia 의 합성어인 이 단어는 결정을 할 때 공포감과 두려움 을 느낀 나머지 스스로 자기 주장을 하기보다는 남의 의견에 동조하는 경향을 가리킵니다.[315]

올리버 예게스는 결정 공포증에 취약한 젊은이들에 게 '메이비 세대Generation Maybe'라는 별명을 붙였습니 다. "우리는 방향을 잃었다. 결정을 내리고 싶지도 않고 어떻게 내려야 하는지도 모른다. 우리는 병적으로 모든 결정을 미룬다.……우리 앞에는 이제까지 그 어떤 시대 보다 더 많은 옵션들이 놓여 있고, 우리는 사상 최대의 과잉 기회와 씨름하고 있다."[316]

오래전 윌리엄 제임스는 '메이비 세대'를 위한 좋은 조언을 제시했습니다. "선택을 해야 할 때 아무런 선택도 하지 않는다 해도, 그것 역시 본질적으론 하나의 선택이다." 캐나다의 록밴드 러시Rush는 〈자유의지

Freewill〉(1980)에서 제임스의 메시지를 다시 노래했지요. "결정하지 않기로 선택했다 해도, 여전히 그대는 선택을 한 것이라네."[317] 그러니 결정을 두려워해야 할 이유는 없는 게 아닐까요?

# 36

움직임과 행동을 혼동하지 마라

언론 보도엔 '행동대원'이란 말이 자주 등장합니다. 포털사이트에 검색해보면 아시겠지만, 거의 대부분 조폭의 불법행위와 관련해 쓰이는 말이지요. 국립국어원의 『표준국어대사전』은 '행동대行動隊'를 "어떤 목적을 이루기 위하여 직접 행동하는 무리"라고 정의하고 있습니다. 생각해보면 참 이상한 말입니다. '행동하는 양심'이란 말이 시사하듯이, 행동은 늘 긍정적인 의미로 쓰입니다. 그런데 왜 범죄 가능성이 높은, 위험하고 궂은 일을 하는 사람들을 행동대원이라고 부르게 된 걸까요? 아마도 이 물음에 답이 있겠지요. 이름이라도 좋게 붙여줘 사기를 올려주자는 완곡어법으로 생겨난 말이 아닐까요?

행동대원이란 말이 역설적으로 말해주듯이, 행동은 늘 예찬의 대상이었습니다. "인간은 행동을 위해 태어난다." 프랑스 철학자 볼테르의 말입니다. 신랄한 문체 때문에 사람들은 볼테르가 인생에 대해 우울하고 비관적이었던 인물로 여겨왔지만, 그는 자신을 현실주의자이자 활동가로 보았습니다. 그는 인간이 자신을 실현시키는 것은 행동에 있다며, "일하지 않는 것과 존재하지 않는 것은 같은 것이다"고 말했지요.[318]

"인간은 행동을 위해 만들어졌다." 영국 경제학자 애덤 스미스의 말입니다. 그는 인간은 단지 행동을 통하여 환경을 변화시킬 수 있고 자기 자신의 행복뿐만 아니라 타인의 행복을 위해 일할 수 있다며, 단순한 말보다 무익한 것은 없다고 주장했지요.[319]

영국 정치가이자 작가인 벤저민 디즈레일리는 "행동이 늘 행복을 가져다주는 건 아니지만 행동 없이 행복은 없다"고 했고, 프랑스 시인 아나톨 프랑스는 "인간의 삶은 생각이 아닌 행동에 의해 이루어진다"고 했지요. 하지만 어떤 행동인지를 따져봐야 하지 않을까요? 독일 철학자 프리드리히 빌헬름 니체는 이런 분류를 시도했지요. "극단적인 행동은 허영의 탓으로, 일상적인 행동은 습관의 탓으로, 그리고 저열한 행동은 두려움의 탓으로 돌린다면 크게 틀리지 않을 것이다."[320]

"우리는 먼저 생각하고 나중에 행동할 수 없다. 태어나는 순간부터 우리는 행동 속으로 빠져들게 되며, 생각을 통해서 행동을 적절히 이끌어나갈 수 있을 뿐이다."[321] 영국 수학자이자 철학자인 앨프리드 노스 화이트헤드의 말입니다. 이는 '행동 예찬론'이라기보다는 '행동 결정론'이라고 불러야 하겠네요.

현대에 들어와서도 각자 이유는 다를망정 행동 예찬론은 계속되었습니다. "행동은 절망의 해독제다."[322] 미국 포크송 가수 조앤 바에즈의 말입니다. "하느냐 마느냐만 있지, 해볼까는 없다."[323] 조지 루커스의 영화 〈스타워즈〉(1980)에서 요다가 루크 스카이워커에게 한 말입니다. "의사 결정은 새로운 행동 개시로 확인된다. 행동하지 않는다면 아직 진정한 결정을 내리지 않은 것이다."[324] 미국 작가 토니 로빈스의 말입니다.

"당신을 더 나은 사람으로 만드는 건, 당신의 믿음이 아니라 바로 당신의 행동이다." 영국 심리학자 토머스 차모로-프레무지크가 세간에 떠도는 말이라며 인용한 것입니다. 이 말을 하기 위해서였죠. "남들은 우리의 무엇을 보고 평가할까? 대부분은 겉으로 드러나는 행동이다. 자기 자신에 대한 생각으로 가득한 우리는 이 점을 간과하기 쉽다. 그러나 남들이 관심을 갖는 것은 우리의 생각이 아니라 행동이다."[325]

모두 다 아름다운 말이지만, 이들은 한결같이 '행동' 만 강조했을 뿐, 과연 행동이 무엇인지에 대해선 핵심을 찌르는 말은 하지 않았네요. 그런 점에서 미국 소설가 어니스트 헤밍웨이의 다음 말이 인상적입니다. "움직임과 행동을 혼동하지 마라."[326] 실제로 많은 사람이 움직임을 행동이라고 생각하기 때문에 오히려 행동하지 않느니만 못한 결과를 초래하기도 합니다.

생각 없이 하는 행동, 그게 바로 움직임이지요. 하지만 생각의 과잉은 곤란하다는 건 분명합니다. "생각만 하다 보면 오히려 행동이 억제된다." 프랑스 조직행동학자 허미니아 아이바라의 말입니다. "겁이 나기 때문이죠. 우리 정신세계는 바꾸는 걸 두려워합니다. 그렇다면 실제로 어떻게 바꿀 수 있을까요. 무엇이든 나서서 행동하는 겁니다."[327]

생각과 행동 사이에서 갈피를 잡기 어렵다면, 프랑스 철학자 앙리 베르그송의 다음 말을 유념하는 게 좋겠습니다. "행동하는 사람처럼 생각하고 생각하는 사람처럼 행동하라." 말장난처럼 들릴 수도 있겠지만, 생각과 행동 가운데 양자택일을 할 게 아니라 둘 사이의 간극을 좁혀나가자는 뜻으로 이해하면 되겠네요.

# 37

인류 역사상 수렵·채집 사회에서 사람들이 선물을 주고받고 식량을 공유함으로써 서로에게 사회적 투자를 했던 이유는 무엇일까요? 미국 인류학자 마셜 살린스는 "갈등이 일어날 가능성을 방지하기 위해서였다"며 이렇게 말합니다. "선물이 친구를 만들고, 친구가 선물을 만든다."[328]

선물의 기원이 갈등 예방에 있었다는 게 흥미롭습니다. 동양도 그럴까요? 영어 단어 갈등conflict의 어원은 '서로 부딪치다'라는 의미의 라틴어 confligere에서

기인하는 반면, 한자어 갈등葛藤은 서로 감아 올라가는 특성이 있는 두 식물인 칡과 등나무가 얽혀 있는 상태를 의미합니다. 이 차이가 시사하는 것에 대해 상담학자 권수영은 다음과 같은 명쾌한 해설을 제시합니다.

"그래서인지 서구 문화에서는 흔히 갈등을 열熱에 비유하기도 하고, 갈등의 해결은 열이나 불을 끄는 행위로 표현된다. 해결을 위해선 과열된 온도를 낮추고, 불씨를 제거하기 위한 강력한 외부 조치가 필요해진다.……하지만 동양에서의 갈등은 서양에 비해 양자가 유기적인 상태로 얽혀 있는 관계로 비유된다. 고로 해결 과정에서도 뒤엉킨 관계의 실타래를 풀어내는 일이 중요하다. 그래서 때로는 갈등의 불씨를 찾아 서로를 끊어내는 해결 방식은 전혀 도움이 안 된다."[329]

갈등을 대하는 자세가 다른 건 비단 동서양의 차이에만 국한되는 건 아니지요. 한 문화권 내에서도 사람들마다 갈등에 접근하는 방식은 매우 다양합니다. 그래서 갈등을 어떻게 다루어야 한다는 조언이 하나의 산업을 이루고 있을 정도로 인기를 누리고 있지요. 특히 정치와 언론은 대표적인 '갈등 산업'이라고 해도 좋을 정도로 갈등을 조장하거나 팔아먹는 걸 존재 근거로 삼고 있다고 해도 과언이 아닙니다.

"갈등은 재미있고, 잘 팔리고, 대중이 갈등에 관심을 가지니까, 백악관 기자단도 갈등을 제공함으로써 응답하는 것이다."[330] 미국 대통령 조지 W. 부시의 참모 애리 플레이셔가 언론이 갈등 중심의 보도를 하는 이유에 대해 한 말입니다.

이른바 갈등 관리conflict management는 주로 조직 차원에서 이루어지고 있지만, 개인적인 인간관계라고 해서 다를 건 없습니다. 그런데 흥미로운 건 사람들은 대체적으로 자신이 갈등에 잘 대처할 수 있다고 믿는 '과신효과overconfidence effect'에 빠져 있다는 점입니다.[331] 그건 큰 오해라는 게 갈등 전문가인 바버라 패치터의 주장입니다.

패치터는 "내가 지난 20년 동안 알아낸 것이 있다면, 그것은 사람들이 어렵고 대결해야 하는 상황에서는 어찌 행동해야 할지 정말로 모른다는 것이다"며, 사람들이 갈등에 맞서지 못하는 이유를 5가지로 제시합니다. 첫째, 상대방도 자기 행동이 부적절하다는 걸 알 거라고 생각한다. 둘째, 상대방의 기분을 상하게 하고 싶지 않다. 셋째, 상대방의 행동이 마음에 안 든다고 그 사람에게 이야기해도 되는 걸까? 넷째, 그다음에 어떤 일이 벌어질지 두렵다. 다섯째, 내가 공격적으로 될까봐 겁난다.[332]

패치터는 갈등에 '긍정적으로 맞서기 위해 당신이 할 수 있는 11가지 쉬운 방법'을 제시하네요. 말이 좀 된다 싶은 걸 골라 한번 사용해보시기 바랍니다. ① 어떤 문제를 제기할지 현명하게 선택하라. ② 작게 시작하라. ③ 미리 연습을 하라. ④ 초조함을 잘 다스리라. ⑤ 공손하고도 강력한 자기 자신을 머릿속에 떠올려보라. ⑥ 단호한 확신의 언어를 사용하라. ⑦ 올바른 시간과 장소를 선택하라. ⑧ 대화 전이나 중간에 음주하지 마라. ⑨ 짧고 간결하게 끝내라. ⑩ 상대방의 반응이나 변화를 나중에 확인하라. ⑪ 성공하지 못했다 하더라도 경험에서 교훈을 얻어라.[333]

꼭 그렇게까지 해야 하는 생각이 들 수도 있겠습니다만, 혼자 속으로 끙끙 앓는 것보다는 낫지 않을까요? 하지만 영국 상담심리학자 재키 마슨은 "자기의 생각만 덮어 놓으면 잘 지낼 수 있는데 굳이 불화와 다툼을 부를 필요는 없지 않으냐는 생각은 결국 대가를 치르게 된다"고 경고합니다.[334] 그렇습니다. 부딪힐 땐 부딪혀야 합니다. 좋은 게 좋다는 식으로 적당히 봉합하고 넘어가는 건 결코 좋은 게 아닙니다. 갈등을 정면으로 응시하고 대처하는 게 나의 평온과 행복에도 도움이 되지요.

가족 문제도 마찬가지이지요. 미국 가족 문제 전문가인 팀 킴멜은 "만일 우리가 갈등을 해결하지 않으면, 갈등이 우리를 해결하게 될 것이다"고 경고합니다.[335] 부부 관계에서 갈등이 우리를 해결한다면, 이혼밖에 더 있겠습니까? 이혼보다 큰 불상사가 빚어질지도 모르지요. 요즘 유행하는 졸혼은 비교적 평화로운 해결책이긴 하지만, 오랜 세월 속으로만 꾹꾹 눌러온 갈등은 뒤늦게라도 폭발하기 마련이라는 걸 말해주는 게 아니고 무엇이겠습니까?

# 38

돼지와 씨름하지 마라

우리가 가끔 쓰는 속담 중에 "똥이 무서워서 피하나 더러워서 피하지"라는 말이 있습니다. 서양 속담에도 비슷한 말이 있는데, 그건 바로 "돼지와 씨름하지 마라"는 것입니다. 물론 그 이유는 간단하지요. 돼지와 씨름을 하면 둘 다 더러워지는데 돼지는 그것을 좋아한다는 겁니다. 이 말은 돼지의 수준을 가진 사람과 말싸움이나 논쟁을 아예 하지 말라는 뜻으로 많이 사용되지요.[336]

독일 철학자 아르투어 쇼펜하우어는 한 걸음 더 나

아가 아예 '논쟁 무용론'에 가까운 주장을 했지요. 상대의 수준이 어떠하건 인간이라는 종족의 품성이 원래 사악하기 때문에 논쟁을 통해 옳고 그름을 가릴 수는 없다는 겁니다. 그는 "인간의 품성이 사악하지 않다면, 다시 말해 우리가 근본적으로 정직하다면, 우리가 먼저 제시한 견해가 맞는 것으로 낙착되건, 다른 사람의 견해가 맞는 것으로 낙착되건 상관없이, 모든 쟁론은 오로지 진실을 드러내는 쪽으로 귀착할 것이다"며 다음과 같이 말합니다.

"그렇게 되면 어느 쪽이 옳으냐 그르냐는 대수롭지 못한, 지극히 부차적인 일이 될 것이다. 그렇지만 지금은 논쟁에서 이기느냐 지느냐가 주된 본 건이다. 허영심은 이성의 능력에 대해서 특히 민감하다. 우리는 이 타고난 허영심 때문에 우리가 먼저 제기한 견해가 틀리고, 상대의 견해가 옳다고 결론이 내려지는 꼴을 보고 싶어 하지 않는다."[337]

'사악하다'는 건 지나친 표현일망정, 논쟁에 임하는 사람들이 대체로 허영심이 강하다는 건 분명합니다. 그러니 논쟁에 임하거나 논쟁을 구경할 때에 논쟁은 '허영심끼리의 충돌'이라는 점을 염두에 둔다면, 필요 이상으로 실망하는 일은 없을 겁니다. 자기계발 전문가들은 이걸 처세술의 원리로까지 발전시켰지요.

"논쟁을 벌이거나 반박하고 있는 동안에는 상대를 이긴 것 같은 느낌도 들 것이다. 그러나 그것은 성과 없는 승리일 뿐이다. 상대의 호의는 절대로 얻을 수 없을 테니까 말이다."[338] 미국 정치가이자 발명가인 벤저민 프랭클린의 말입니다.

"방울뱀이나 지진을 피하듯이 논쟁을 피하라." 미국의 처세술 전문가 데일 카네기가 『인간관계론』(1936)에서 '상대방을 설득하는 12가지 비결' 중 첫 번째 비결로 제시한 해법입니다. 그는 논쟁에서 이기는 가장 좋은 방법은 바로 논쟁을 피하는 것이라며 다음과 같이 말합니다.

"논쟁은 열이면 아홉이 결국 참가자가 자신의 의견에 대해 전보다 더 확신을 갖는 결과만을 초래한다. 사람은 논쟁에서 이길 수 없다. 논쟁에서 지면 당연히 지는 것이고, 만약 이긴다고 해도 그 역시 지는 것이기 때문이다. 왜 그런 것일까? 자, 당신이 상대방의 허점을 찾아 그가 틀렸음을 입증해서 이겼다고 치자. 그래서 뭐가 어쨌다는 것인가? 물론 당신이야 기분이 좋을 것이다. 그러나 그 상대방의 기분은 어떻겠는가? 당신은 상대방이 열등감을 느끼게 했고 그의 자존심을 상하게 했다. 그는 당신의 승리에 분개할 것이다."[339]

캐나다 철학자 조지프 히스는 좌파의 입장에서 우파 선동가에게 반응하는 것을 좌파 선동가들이 할 게 아니라 코미디언에게 맡겨야 한다고 주장합니다. 선동가와 진지한 논쟁을 하려 드는 것은 지는 게임이며, 상대방의 견해만 부각시키고 당신 견해의 격만 떨어뜨릴 뿐이라는 이유에서지요.

"상대가 사용하는 것과 동일한 전술로 반격을 하는 것은 효과도 없을뿐더러 자기 파괴적이다. 이럴 때 해법은 그들을 웃음거리로 만드는 것이다. 이성은 비이성과 같은 링에서 싸울 수 없다. 그래서 비이성적인 상대와 마주쳤을 때 가장 좋은 전략은 그들이 얼마나 비이성적인지를 알려주는 것이다. 여기에 코미디가 효과적인 경우가 많다. 자고로 계몽주의에서 풍자가 큰 역할을 했던 것도 이런 이유에서다(대표적으로 볼테르를 들 수 있다)."[340]

히스야 좌파를 자처하는 사람인지라 그리 말했겠지만, 공정하게 말하자면 우파의 입장에서도 좌파 선동가에게 반응할 일은 아니라고 말할 수 있겠지요. 그런데 문제는 코미디나 풍자를 구사하는 게 그리 쉬운 일은 아니라는 것이겠지요. 더욱 큰 문제는 논쟁 회피로 인한 소통의 단절이나 왜곡입니다. 이는 특히 조직의 발전과 성장을 저해합니다.

심리학자들은 조직에서 사람들이 가능한 한 논쟁이 발생하지 않도록 하려는 성향과 버릇을 갖는 걸 가리켜 '커버링covering'이라고 부릅니다. 이에 대해 영국 저널리스트 마거릿 헤퍼넌은 이렇게 말합니다. "출근과 동시에 우리는 자기 성격, 가치관, 감정의 튀는 면을 무던하기 보이기 위해 숨긴다. 그러나 숨기고 회피하는 데 너무나 많은 에너지를 쏟아붓는 반면, 정작 머릿속 아이디어는 꺼내지 못하고 안으로 가둬버린다."[341]

그건 곤란하지요. 그래서 일부 기업들은 갈등과 아이디어가 자연스럽게 표출되도록 해서 해결 방안을 모색하며 일이 순조롭게 풀리도록 하게끔 애를 쓰고 있으며, 이를 가리켜 '공정 문화just culture'라고 부릅니다.[342] 일반적인 인간관계에서도 행여 대화가 논쟁으로 비화

될까 염려해 무난한 주제의 이야기만 나눈대서야 쓰겠습니까?

"돼지와 씨름하지 마라"는 건 귀담아들을 만한 좋은 말이지요. 하지만 상대가 돼지인지 아닌지 알기 위해 신축성 있게 대하는 게 좋겠습니다. 모든 사람이 돼지는 아닐 것이며, 설사 돼지와 만났다 하더라도 돼지의 몸 상태가 비교적 깨끗한지 더러운지 살펴보고 나서 대화를 진척시켜보는 게 재미도 있고 유익하지 않을까요?

# 39

## 평판은 아무 가치 없이 생겨났다가 사라진다

"평판, 평판, 평판! 나는 내 평판을 잃었도다! 나에게 생명과도 같은 걸 잃었으니 이제 짐승이나 다름없다." 윌리엄 셰익스피어의 『오셀로Othello』에서 이아고의 사악한 계략으로 명성을 잃은 카시오가 외친 말입니다. 평판reputation, 이게 참 무서운 겁니다. 사람들은 왜 그렇게 평판에 목숨을 거는 걸까요? 오래전 미국 사회학자 찰스 쿨리는 이런 답을 내놓았지요. "인간은 다른 사람이 나를 어떻게 받아들일까 생각하며 자아를 정립한다."[343]

하지만 평판은 늘 오류의 위험성을 안고 있습니다. 『오셀로』에서 이아고는 교활하게 남의 평판을 파괴했지만 그것이 얼마나 허망하고, 조작하기 쉬우며, 부정확한지를 알고 나서 이런 말을 내뱉습니다. "평판은 무익하고 거짓된 사기다. 아무 가치 없이 생겨났다가 사라진다."[344] 미국 제16대 대통령 에이브러햄 링컨도 이런 말을 남겼지요. "품성이 나무라면 평판은 그늘 같은 것이다. 나무는 실체지만, 그늘은 우리가 생각하기 나름이다."[345]

그런데 과연 그럴까요? 다른 사람들이 나의 실체를 무슨 수로 알 수 있을까요? 설사 알게 된다 하더라도, 모든 게 다 끝난 뒤 그런 앎이 이루어진다면 그게 무슨 소용인가요? 우리는 평판의 얄팍함을 알면서도 그것에 휘둘릴 수밖에 없습니다. 그러면서도 우리는 평판에 연연하지 않는 삶을 꿈꾸기에 우리는 늘 두 지점 사이에서 오락가락할 수밖에 없지요.

미국 신화학자 조지프 캠벨은 "우리가 더 없는 행복을 느끼기 위해서는 다른 사람이 나를 어떻게 생각할까 하는 생각을 내려놓아야 한다"고 말합니다.[346] 일본 철학자 기시미 이치로가 오스트리아 심리학자 알프레트 아들러의 심리학을 대화 형식으로 풀어낸 『미움받을 용기』에 한국 사회가 뜨겁게 반응한 것도 바로 그런 이유 때문이 아니었을까요? 이 책엔 이런 이야기가 나옵니다.

"내가 아는 젊은 친구는 소년 시절에 거울 앞에서 오랫동안 머리를 빗는 습관이 있었다는군. 그러자 할머니께서 그 친구에게 이렇게 말씀하셨다고 하네. '네 얼굴을 주의 깊게 보는 사람은 너뿐이란다.' 그날 이후로 그는 삶이 조금 편해졌다고 하더군."[347]

"공적으로는 세상에서 가장 형편없는 연인으로 보이지만 사실은 세상에서 가장 좋은 연인이 되고 싶은가, 아니면 세상은 당신을 최고의 연인으로 여기지만, 사실은 가장 형편없는 연인이 되고 싶은가?" 미국 기업가 워런 버핏이 던진 질문입니다. 그는 자신을 내세워 이런 힌트를 제시했지요. "다른 사람들은 못마땅해하지만 정작 나는 내가 하는 일을 좋아할 때, 행복하다. 반대로 다른 사람들은 나를 칭찬하지만 나는 내가 하는 일에 만족감이 없을 때, 불행하다."[348]

그렇습니다. 우리는 이런 수준에선 얼마든지 자유로

올 수 있지요. 어느 정도나마 '미움받을 용기'도 낼 수 있고, 자신의 만족감 중심으로 세상을 살아갈 수도 있지요. 그러나 자신의 일이 평판의 큰 영향을 받는 상황에선 결코 그럴 수 없습니다. 특히 기업은 평판에 죽고 산다고 해도 과언이 아닙니다. 연예인, 작가, 지식인 등과 같은 '1인 기업가'들도 마찬가지이지요.

개인적 삶에서 자신의 만족감을 강조했던 워런 버핏도 평판의 문제와 관련해 가장 자주 인용되는 명언을 내놓았지요. "평판을 쌓는 데는 20년이 걸리지만 무너뜨리는 데는 단 5분도 안 걸린다. 그 생각을 하면 행동을 조심할 수밖에 없다."[349] 골드만삭스 회장 출신으로 재무장관을 지낸 행크 폴슨도 "우리에게는 사람, 자본, 평판이 우리의 자산이라는 기업 정신이 있다. 이 중에서 잃었을 때 가장 되찾기 어려운 것은 평판이다"고 했지요.[350] 미국 '토크쇼의 여왕' 오프라 윈프리도 간결한 한마디를 내놓았습니다. "결국 당신에게 남는 것은 평판뿐이다."[351]

미국 법학자 로버트 프로스트는 "평판은 자산의 한 형태"라고 했습니다.[352] 소셜미디어를 앞세운 디지털 혁명은 평판이 자산의 한 형태일 뿐만 아니라 엄청난 자산이 되는 이른바 '평판 경제reputation economy'의 시대를 활짝 열어젖혔습니다. 그러니 어쩌겠습니까? 먹고 사는 문제라면 '평판의 독재'에 순응하되, 그렇지 않은 개인적 삶과 행복의 문제에선 '평판의 독재'에 굴복하지 않고 저항하는 게 현명한 답이 아닐까요?

# 40

"칭찬과 다름없는 비난이 있는 반면에 저주와 다름없는 칭찬이 있다." 17세기 프랑스 작가로 풍자와 역설의 잠언으로 유명한 라로슈푸코의 말입니다. "우리는 종종 칭찬이란 수법을 통해서 그런 식이 아니면 감히 폭로할 수 없는 그 사람의 결점을 교묘하게 드러낸다. 그것은 이른바 독을 넣은 칭찬이란 것이다."[353]

독일 커뮤니케이션 전문가 바버라 베르크한은 아예 '칭찬 살인'이라는 말까지 씁니다. 칭찬을 통해 상대를 궁지로 몰아넣는 전략이라고 합니다. 상대가 전혀 동의할 수 없거나 무례한 말을 하면 오히려 극찬을 해줌으로써 상대를 당황하게 만들라는 겁니다. "당신은 청산유수와 같이 아주 유창하게 말씀을 잘하시는군요"라거나 "당신의 높은 식견과 지혜에 감동했습니다"라는 식으로 말입니다.[354] 화를 내는 것보다는 조롱하는 게 낫다는 이야긴데, 보통 사람으로선 쉽지 않는 고난도 기술이라는 생각이 듭니다.

둘 다 근거 없는 말은 아닌 것 같습니다. 훗날 미국 인류학자 조지 포스터는 유럽인들은 시기심을 칭찬의 형태로 표현한다고 했으니 말입니다.[355] 미국인들은 안 그런지 의문입니다만.

"모든 사람을 탓하거나 모든 사람을 칭찬하는 건 모두 멍텅구리 짓이다." 미국 정치가이자 발명가인 벤저민 프랭클린의 말입니다. "모든 사람을 칭찬하는 사람은 아무도 칭찬하지 않는 셈이다." 영국 작가 새뮤얼 존슨의 말입니다. 그렇지요. 칭찬이나 비판은 '선택의 게임'이지요. 칭찬을 하건 비판을 하건 그렇게 할 만한 누군가를 골라서 해야 의미와 더불어 효과도 있다는 뜻입니다. 그런데 늘 비판만 하거나 늘 칭찬만 하는 사람들이 있습니다. 이렇게 하면 의미와 효과가 없는 건 물론이고 자신의 정신 상태나 성품을 다른 사람들에게 폭로하는 이상의 의미는 없겠지요.

"책망이 칭찬보다 안전하다." 미국 철학자 랠프 월도 에머슨의 말입니다. 칭찬엔 책임이 따르기 때문입니다. 책망에도 책임이 따르지만, 칭찬보다는 훨씬 덜하지요. 책망을 당한 사람이 좋은 성과를 보여준다면 그건 책망 덕이라고 주장할 수 있습니다. 반대로 칭찬을 해준 사람이 실망스러운 행동을 한다면, 그건 칭찬을 한 사람에게 내내 부담이 되지요. 책망이 칭찬보다 안전하다고 하지만, 그거야 주로 공적 영역에서 벌어지는 일이지요. 사적 인간관계에서 칭찬은 다다익선多多益善이 아닐까요?

"나는 찬사를 받을 때마다 당혹스럽다. 매번 사람들이 충분히 말하지 않았다고 느끼기 때문이다." 미국 작가 마크 트웨인의 말입니다. 칭찬을 받아본 사람이라면 이 말이 가슴에 팍 와닿을 겁니다. "정말 그런가?" 하고 뭔가 불안해지지요. 하지만 그럴 필요는 없을 것 같네요. 칭찬으로 인해 우쭐하지만 않는다면, 그리고 더 많은 칭찬을 받기 위해 애를 쓴다면, 괜찮은 것 아닌가요? 다만, 그러다가 '착한 사람 신드롬'에 빠져 사실상

자신을 괴롭히는 일은 하지 않아야 한다는 걸 전제로
해서 말입니다.

"칭찬은 인간관계를 망친다." 일본 심리 카운슬러 이
와이 도시노리의 말입니다. 그는 3가지 이유를 제시합
니다. 첫째, 한 번 칭찬하기 시작하면 계속해야 한다.
둘째, 칭찬할 때마다 칭찬하는 정도가 커지지 않으면
효과가 떨어진다. 셋째, 끊임없는 지시나 관리가 필요
하다. 너무 '오버'하는 게 아닌가 하는 생각도 들긴 하
지만, 그 역시 가끔 하는 칭찬은 괜찮다고 하니 그럴 수
도 있겠다고 이해하면 되겠습니다. 그의 메시지는 칭찬
없이 스스로 움직일 수 있게끔 '용기 부여'를 해주는 게
좋으며, 그 실천 방법으로 '고맙다'는 말을 하라는 것이
지요.[356]

"칭찬은 아무리 긍정적일지라도 남에 대한 판단일
경우가 많다. 감사는 통제가 아닌 축하의 방법으로 표
현되어야 한다."[357] 미국 심리학자 마셜 로젠버그의 말
입니다. 미국 교육학자 로버트 케건도 "긍정적인 칭찬
일지라도 타인을 자기 식대로 평가하는 칭찬은 '상대방
은 어떤 인간'이라고 규정하는 주제넘은 일이다"고 말
합니다.[358]

무슨 말인지 이해는 할 수 있을 것 같습니다. 누구건 칭찬을 받고도 기분이 찝찝한 적이 있었을 겁니다. 그런 경우의 칭찬은 '평가형 칭찬'일 경우가 많지요. 그렇다고 해서 칭찬을 멀리 할 필요는 없을 것 같습니다. 평가형 칭찬일지라도 조심스럽게 겸손한 자세로 말하면 상대방도 흔쾌히 받아들일 수 있으니까 말입니다. 칭찬, 정말이지 어려운 예술인 것 같습니다.

# 41

# 부정행위와 아첨은 혈연관계다

"당신이 세계 최고의 보스입니다." 미국 국무부 정책 국장이었던 앤 마리 슬로터가 2011년 민주당의 유력 대선 후보인 힐러리 클린턴에게 보낸 이메일에서 보낸 찬사입니다. 슬로터는 『뉴욕타임스』 1면에 힐러리의 사진이 실리자 "멋진 사진이 『NYT』를 장식했습니다.(『NYT』+0.23%▲)"라고 썼습니다. 힐러리의 사진 때문에 『NYT』의 주가가 0.23퍼센트 올랐다는 아부였지요.[359]

"당신의 리더십 아래 복무한다는 사실에 황송합니다

humbled." 미국 국무장관 마이크 폼페이오가 2018년 6월 14일 도널드 트럼프 대통령의 72번째 생일을 맞아 트위터에 올린 글입니다. 그는 한 달 전 의회 청문회에선 "정부 외교정책이 트럼프의 개인 사업과 이해 충돌하는 것 아니냐"는 질문에 "기이한 질문이다. 다 가짜 뉴스"라고 화를 냈을 정도로 트럼프에 대한 깊은 충성심, 노골적으로 말하면 타의 추종을 불허하는 '아부'로 유명하지요.[360]

꼭 그렇게까지 해야 하는 걸까요? 영국 정치인 체스터필드 경의 말에 그 답이 있는 것 같습니다. 그는 "인간은 허영심과 자존심을 먹고산다고 할 수 있다. 주위를 돌아보라. 칭찬받으려고 애쓰는 사람들을 쉽게 볼 수 있다"고 말했지요. 그는 아들에게 쓴 편지에서 사람들과 편하게 지내려면 치킨 수프 같은 아부, 즉 상대방을 전혀 해하지 않는 아부를 해야 하며, "모든 아부 가운데 제삼자를 통하는 방법이 가장 기분이 좋고, 결과적으로 가장 효과가 높은 법"이라고 조언했습니다.

체스터필드는 스스로 생각해도 멋쩍었던지 이런 말도 덧붙였습니다. "아들아, 내 말을 오해하지 마라. 행여 내가 너에게 비굴하고 사악한 아부를 적극적으로 권했다고 생각하지 마라. 절대로 그렇지 않다.……우스꽝스런 허영심이기는 하지만, 인간이란 다른 사람의 약점이나 어리석음을 정중히 보아주지 않고는 세상을 살아갈 수 없는 법이다."[361]

"아첨은 치아에서 나오고, 진실된 평가는 가슴에서 나온다." 미국 처세술 전문가 데일 카네기의 말입니다. 카네기는 찬사는 아첨과는 다르다는 걸 강조합니다. "찬사와 아첨의 차이는 무엇일까? 그것은 간단하다. 전자는 진심이고, 후자는 위선이다. 전자는 마음에서 우러나오고, 후자는 입에서 흘러나온다. 전자는 이타적이고, 후자는 이기적이다. 전자는 일반적으로 환영받지만 후자는 일반적으로 비난받는다.……아첨을 잊고 거짓 없고, 진심에서 우러나오는 칭찬을 하자."[362] 물론 찬사와 아첨의 구분법은 설득력이 크게 떨어지지만, 아첨을 하더라도 수명이 긴 아첨을 하자는 뜻으로 이해하면 되겠습니다.

"긍정적인 인상을 주고자 노력한다는 인상을 주지 않으면서 어떻게 긍정적인 인상을 줄 수 있을까?" 미국 사회심리학자 에드워드 존스가 제시한 '아부꾼의 딜레마ingratiator's dilemma'입니다. 아부의 의도가 순식간에 드러나면 아부의 효과가 가장 낮고, 아부꾼의 소망이 간절하면 할수록 목적이 쉽게 드러나고 효과가 반감된다는 것이지요.[363]

존스는 『환심 사기Ingratiation』(1964)에서 상대에게 강한 매력을 심어주고자 의도하는 것이 '환심 사기'고, 이익을 확실하게 챙기려는 것이 아부라며, 둘은 '자매 용어'라고 불렀습니다. 그는 아부꾼을 좋게 여기는 태도는 상호이타주의가 아니라 상호친화주의라고 했지요. "상대방이 나를 좋아한다는 '사실'이 아니라 상대방이 나를 좋아한다는 '느낌'만으로도 상대방을 좋아하게 되는 법이다."[364]

존스가 밝혀낸 아부 전략 중의 하나는, 무비판적인 '예스맨'이라는 인상을 주지 않기 위해 환심을 사야 할 사람에게 때론 다른 사람의 의견에 반대하는 모습도 보여주는 것입니다. 사장에게 깊은 인상을 심어주려면, 회의 참석자들의 의견을 무조건 따르지 말고 적절한 이유로 반대해야 하며, 특히 사장의 의견에 제일 먼저 반대해야 한다는 겁니다. 이렇게 하면 사장은 무조건 남의 의견에 따르지 않고, 반대할 줄도 아는 사람이라고 인식하게 된다는 것인데,[365] 이건 위험 부담이 너무 큰

'고난도 아부'가 아닌가 싶네요.

　존스는 말년에 이르러 자신의 이론을 수정하면서 "아부란 종속적인 상황에 대한 지나친 학습의 결과"라고 정의했습니다. 의식적인 전략이라고 생각했던 많은 행위가 실제로는 무의식적이고 자동적인 행위라는 것이지요. 그렇다면 아부에 대해 조금은 더 너그러워질 수 있겠네요. 그래서 존스는 아부를 '사회적 윤활유'로 규정했지요.[366] 설사 그렇다 하더라도 미국 제16대 대통령 에이브러햄 링컨의 다음 경고는 잊지 않는 게 좋을 것 같네요. "부정행위와 아첨은 혈연관계다."

# 42

## 거짓말이 심할수록 받아들여질 가능성은 높아진다

"어떤 사람이 나에게 먼저 거짓말을 했을 때, 내가 그에게 거짓말을 하는 것이 그를 부당하게 대하는 것이 아니라 하더라도, 나는 인류의 권리에 거슬러 행동하는 것이 된다."[367] 독일 철학자 이마누엘 칸트의 말입니다. 그 의도가 어떠하건 거짓말은 인류 일반의 권리를 침해한다는 주장이지요. 참으로 아름다운 말씀입니다만, 인간이 그렇게까지 대단한 동물은 아니지요.

"이 세상에서 거짓말을 하는 동물은 인간뿐이다." 독일 철학자 아르투어 쇼펜하우어의 말입니다. "인간이

동물을 보고 기뻐하는 것은 우리들 자신의 본질도 그처럼 거짓 없는 단순함을 좋아하도록 태어났기 때문이다. 그런데 인간은 옷을 입으면서 매우 추한 동물로 변질되었다. 옷으로 몸을 감추면서 이미 자연적인 본래의 모습을 위장한 것이다."[368]

쇼펜하우어는 이런 거짓말 대처법도 제시했지요. "상대방이 거짓말을 한다고 믿을 만한 이유가 있다면 그가 하는 말을 모두 믿는 것처럼 행동하라. 그러면 상대방이 거짓말을 계속하게 될 것이다. 상대방은 점점 더 대담하게 거짓말을 할 것이고 결국에는 스스로 거짓말을 드러내게 될 것이다." 이 방법은 오늘날 경찰 수사관들에 의해 '트로이 목마 전략'이라는 이름으로 사용되고 있지요. 사건 용의자를 믿는 척 행동하고 말을 많이 하도록 해서 결국에는 용의자가 자신의 꾀에 스스로 넘어가게 만드는 방법을 말합니다.[369]

"진실의 반대편은 형태가 수백만 가지인데다 뚜렷한 한계도 없다." 프랑스 작가 몽테뉴의 말입니다. 실제로 거짓말과 같은 기만행위를 나타내기 위해 사용되는 영어 어휘는 112가지에 달하는 걸로 나타났지요. 영국 정신의학자이자 거짓말 전문가인 선 스펜스는 여러 문화권을 관찰한 결과 정직보다 거짓을 나타내는 단어가 더 많으며, 그 이유는 남을 속이는 방법은 다양하지만 진실을 말하는 방법은 하나이기 때문이라고 말했습니다.[370]

"성공적인 거짓말쟁이가 될 수 있을 정도로 기억력이 좋은 사람은 없다."[371] 미국 제16대 대통령 에이브러햄 링컨의 말입니다. 미국 작가 마크 트웨인도 비슷한 말을 했지요. "언제나 사실을 말하라. 당신이 말한 것을 기억할 필요가 없을 정도로."[372]

"아무도 그를 거짓말쟁이라 부를 수 없었다. 왜냐하면 거짓은 그의 머릿속에 있어 그가 아무리 진실을 말해도 그의 입에서 나오는 것은 모두 거짓의 색을 띠었기 때문이다."[373] 미국 소설가 존 스타인벡의 『에덴의 동쪽』(1952)에 나오는 말입니다. 영국 작가 조지 버나드 쇼는 이보다 가슴 아픈 말을 했지요. "거짓말쟁이가 받는 벌은 더이상 아무도 그의 말을 믿어주지 않는 것이 아니라, 자신이 더이상 아무도 믿지 못한다는 사실이다."[374]

"능숙한 행정가는 진실을 부인하면서도 실제로는 거짓말을 하지 않는 기술을 습득해야 한다."[375] 미국 역사가 대니얼 부어스틴의 말입니다. "정치가들은 더 큰 전략적 목표를 달성하기 위해 때때로 전체 진실을 숨기거나 곡해하고 심지어 왜곡해야 할 때도 있다."[376] 영국 총리를 지낸 토니 블레어의 말입니다.

워터게이트 사건으로 중도에 물러난 미국 대통령 리처드 닉슨은 나가도 너무 나간 것 같네요. "내가 거짓말을 한 것이 아니라 나중에 알고 보니 사실이 아니었을 뿐이다."[377] 닉슨보다 한참 더 나간 희대의 거짓말쟁이는 아돌프 히틀러였지요. 그는 "거짓말이 심할수록 받아들여질 가능성은 높아진다"고 했으니까요.[378]

"주변에 짝퉁 명품을 지닌 사람이 있으면 그의 정직성을 믿지 마라. 그 또한 나를 신뢰하지 않고 있을 테다." 미국 과학 잡지 『사이언티픽 아메리칸』이 2012년 하버드대학 경영대학원 교수팀의 연구 결과를 소개하면서 내린 결론입니다. 이 연구에 따르면, 짝퉁 명품을 지닌 사람은 거짓말을 잘하는 등 스스로 부정직해지며 남을 불신하는 경향이 있다는군요.[379] 짝퉁 명품을 가진 사람들이 내심 뜨끔해할 만한 연구 결과네요. 행여 오해받지 않기 위해서라도 짝퉁 사랑은 이제 그만하는 게 어떨까요?

**43**

## 위선은 정의감을 만끽하는 기회를 준다

"화 있을진저, 서기관과 바리새인들, 위선자들이여! 너희는 잔과 접시의 겉을 깨끗이 닦아놓지만 그 속에는 착취와 탐욕이 가득 차 있다.……화 있을진저, 서기관과 바리새인, 위선자들이여! 너희는 회칠한 무덤 같으니, 겉은 그럴싸해 보이지만 그 속에는 죽음 사람의 뼈와 썩은 것이 가득 차 있다." 『성경』 「마태복음」 제23장 제25절과 제27절에 나오는 예수의 말입니다. 예수는 당시 종교 지도자들의 위선에 이렇듯 크게 분노했지요. 미국 심리학자 리처드 스미스는 이 성경 말씀을 소개하면서 다음과 같이 말합니다.

"위선자들이 비난받는 이유는 방관자 입장에서 남들을 모욕할 뿐만 아니라, 도덕적으로 우월한 척하면서 주변의 불완전한 사람들에게 그들의 도덕적 열등함을 반성하도록 강요하기 때문이다. 그래서 위선자들은 그들의 위선적인 행동이 까발려지기 전에도 짜증나고 불쾌한 존재가 될 수 있다. 그들의 '고결한 척하는' 태도는 우리의 심기를 건드린다."

그러니 그런 사람들의 위선이 폭로되었을 때 기죽어지내던 사람들이 얼마나 흐뭇해하겠습니까? 스미스의 말을 더 들어보지요. "그들에게 열등감을 느꼈는데 사실을 알고 보니 그럴 필요가 없어졌으니 말이다. 이제 누가 더 도덕적으로 우월한가? 이런 역전은 당연히 통쾌할 수밖에 없다. 우리가 위선자들의 불행을 고소하다고 느끼는 이유가 또 하나 있다. 그들은 자기가 손가락질하던 바로 그 행동을 하다가 들키는 바람에 몰락하는 경우가 많다. 이 기막힌 조합을 보며 우리는 그들이 망해도 싸다고 느낀다. 이런 반전에는 특별한 미학적 매력도 있다. 시적 정의의 실현에 우리는 통쾌감을 느낀다."[380]

'시적 정의poetic justice'는 시나 소설 속에 나오는 권선

징악勸善懲惡과 인과응보因果應報의 사상을 말합니다. 참 묘하네요. 많은 사람에게 그런 정의감을 만끽하는 기회를 준다면, 위선자는 좋은 일을 한 게 아닌가요? 웃자고 하는 이야기입니다만, "위선은 정의감을 만끽하는 기회를 준다"는 명언도 가능할 것 같네요.

어떤 종류의 위선이냐에 따라 위선을 옹호하는 사람도 적지 않습니다. 영국 철학자 버트런드 러셀이 1931년에 발표한 글엔 이런 말까지 나오네요. "인생의 성공에 위선이 대단히 필요하다는 것은 물론이며 따라서, 교육 관계자들에게는 위선을 가르칠 능력이 있어야 한다는 견해의 옹호론이 많다."[381] 이는 에티켓 수준의 가벼운 위선을 옹호하는 걸로 이해하면 될 것 같습니다만, 여기서 한 걸음 더 들어간 위선 옹호론도 있지요.

미국 철학자 제임스 스피걸은 위선에 대한 사회적 혐오와 증오는 모든 사람에게 위선을 저질러선 안 된다는 강한 경계심을 자극함으로써 사회 전반의 도덕성 함양에 기여한다고 주장합니다.[382] 사회학자 김광기는 「위선이 위악보다 나은 사회학적 이유」라는 논문에서 사회의 기만적·허위적 성격을 부각시키면서 "위악은 실제로 악에 도달하게 되고 위선은 실제로 선에 도달

할 수 있기 때문"에 "보다 나은 이상과 선, 혹은 개선을 위해서는 위선과 과장된 겉치레가 반드시 필요하다"고 했지요.[383]

그렇게 볼 수도 있겠습니다만, 문제는 위선이 사회 전반에 어느 정도로 만연해 있는가 하는 점이겠지요. 위선이 너무 심한 사회에선 위선 옹호론이 발을 붙이기 어려운 게 아니냐는 겁니다. 그런 상황에선 오히려 위악僞惡이 인기를 얻지요. 주변에 혹 개그맨 김구라를 좋아하는 사람이 있다면 왜 좋아하는지 물어보세요. 위선과 가식이 없이 솔직해서 좋다는 말이 가장 먼저 나올 겁니다. 방송은 원래 위선과 가식을 '예의'로 포장해 부추기는 미디어인데, 김구라는 그 문법을 깨고 보통 사람들이 사석에서 가장 큰 신경을 쓰는 돈 문제에 비상한 관심을 기울인다거나 하는 식으로 '탈脫위선'의 현실을 있는 그대로 드러냄으로써 인기를 얻은 것이지요.

신문과 방송 등 전통적인 미디어가 위기에 처하게 된 이유 중의 하나는 바로 그런 문제와 무관치 않습니다. 인터넷과 소셜미디어는 비교적 위선과 가식에서 자유로운 미디어입니다. 물론 너무 자유롭다 못해 방종의 수준으로까지 치달아 사회문제로 비화되지만, 어쩌면 기존 미디어의 세계보다는 그게 바로 있는 그대로의 세상과 삶의 모습에 더 가까운 것이라고 보는 게 옳을지도 모르겠습니다. 이는 위기에 직면한 저널리즘이 앞으로 어떤 방향으로 나아가야 할지에 대해 고민해야 할 지점이기도 하지요.

우리가 어떤 선택을 하건 근본주의로까진 나아가지 않으면 좋겠습니다. "성인이 아니면 입 닥쳐Saint or shut up"라는 말이 있지요.[384] 위선에 대한 혐오가 지나친 나머지 나타나는 '반反위선 근본주의' 구호라 할 수 있겠습니다. 그 어떤 비판이건 비판은 위선에서 완전히 자유로울 수는 없지요. 우리는 눈곱만큼의 위선이라도 범하지 않기 위해 우리 주변에서 어떤 일이 벌어지건 잠자코 침묵해야만 하는 걸까요?

# 44

## 시간은 모든 것을 파괴한다

"시간은 하늘의 영혼이다." 고대 그리스 철학자 피타고라스의 말입니다. "내가 유일하게 숭배하는 여신은 시간이다." 독일 시인이자 사상가인 요한 볼프강 괴테의 말입니다. 이런 시간 숭배에 대해 독일 철학자 아르투어 쇼펜하우어는 "시간은 우리 뇌의 발명품"이라며 평가절하했지요.[385] 하지만 시간은 인간이 발명한 것일지라도 인간의 통제 밖에 있다는 건 분명한 사실입니다.

시간은 오랜 철학적 고민이었습니다. 고대 그리스 철학자 플라톤은 철학을 시간에서 벗어나기 위한 작업으로 보았습니다. 초기 기독교 교회의 대표적인 교부이자 사상가인 아우구스티누스는 그런 작업의 어려움을 이렇게 표현했지요. "만일 아무도 내게 묻지 않는다면 나는 시간이 무엇인지 알고 있다. 하지만 그렇게 물어오는 사람에게 설명하려고 하면 나는 시간이 무엇인지 알 수 없게 되어버린다."[386]

시간이라는 말은 '나누다'라는 어원을 갖고 있습니다. 영어의 '타임Time'과 프랑스어 '탕Temps', 라틴어 '템푸스Tempus'는 '자르다'라는 뜻의 그리스어 '템노Temno'와 '잘라냄'이라는 뜻의 '토메Tome'에서 왔습니다. 흐르는 시간을 어떻게든 잘라내어 헤아리고 측정해보려는 시도는 시계의 발명으로 이어졌지만, 그렇다고 인간이 시간에 대한 통제를 할 수 있었던 건 아니지요.[387]

"모래시계는 우리 모두 한 줌 먼지가 될 것을 함의한다. 시간은 끝, 죽음으로 귀결된다."[388] 독일 물리학자 게오르크 리히텐베르크의 말입니다. "시간은 모든 것을 파괴한다. 우리가 사랑하는 모든 것을. 우리가 사랑하는 모든 사람을." 프랑스 작가 미셸 투르니에의 말입니다. 프랑스 가수 레오 페레는 그런 안타까움을 이렇게 노래했지요. "시간과 더불어, 시간과 더불어, 모든 것이 떠나가네. 가장 멋진 기억조차도.⋯⋯사랑이 홀로 가버린 토요일 저녁."[389]

하지만 투르니에는 시간이 파괴하는 것은 우리가 사랑하는 모든 것만은 아니라는 점에서 위안을 찾자고 속삭입니다. "그러나 시간은 또한 우리가 싫어하는 모든 것, 모든 사람, 우리를 증오하는 모든 사람, 그리고 또 고통, 심지어 죽음까지도 파괴하는 장점이 있다는 사실을 인정할 필요가 있다."[390]

인간은 시간의 노예지만, 고분고분한 노예는 아닙니다. 일정한 속도와 방향으로 흘러가는 물리적 시간, 즉 누구에게나 동일한 절대적 시간은 어쩔 수 없지만, 주관적으로 느끼는 상대적 시간은 사람과 상황에 따라 달라질 수도 있습니다. 그래서 우리는 이런 말을 하지요. "시간은 두려움을 앞둔 사람에겐 너무 빠르고, 기다리는 사람에겐 너무 느리며, 슬퍼하는 사람에겐 너무 길다."[391]

중년이 넘어간 사람들의 입에서 자주 튀어나오는 말이 있습니다. "아니, 왜 이렇게 시간이 빨리 가지?" 이 물음엔 이미 상식이 된 답이 있지요. "시간은 10대엔 시속 10킬로미터, 20대엔 20킬로미터, 30대엔 30킬로미터, 40대엔 40킬로미터, 50대엔 50킬로미터, 60대엔 60킬로미터로 달린다." 그런데 왜 그럴까요?

프랑스 철학자 폴 자네는 1877년 사람의 인생 중 어떤 기간의 길이에 대한 느낌은 그 사람 인생의 길이와 관련되어 있다는 가설을 제시했습니다. 10세짜리 아이는 1년을 인생의 10분의 1로 느끼고, 50세를 먹은 사람은 50분의 1로 느낀다는 겁니다.[392] 이 가설은 시원한 설명을 제공해주진 않습니다. 미국 심리학자 윌리엄 제임스의 다음과 같은 설명이 가슴에 와닿네요.

"어렸을 때 사람들은 항상 주관적으로든 객관적으로든 완전히 새로운 경험을 할 수 있다. 불안감은 생생하고, 기억은 강렬하다. 그때에 대한 우리의 기억 속에는 빠르게 움직이면서 아주 재미있는 여행을 했을 때의 기억처럼 복잡하게 얽히고설킨 여러 가지 일들이 길고 자세하게 기록되어 있다. 그러나 해가 갈수록 이런 경험들 중 일부가 자동적인 일상으로 변해 사람들이 거의 의식하지 못하게 되고, 하루 또는 일주일 동안 일어났던 일들이 알맹이 없이 기억 속으로 섞여 들어간다. 그래서 한 해의 기억이 점점 공허해져서 붕괴해버린다."[393]

듣고 보니 그렇네요. 나이가 먹을수록 새로운 경험은 줄어들기 마련이지요. 그러니 기억할 만한 것도 사라지고, 시간이라는 열차는 기억이라는 정거장을 경유하지 않은 채 마구 내달리고, 그러니 나이가 들수록 시간은 빨리 흐르는 것이겠지요. 시간은 모든 것을 파괴한다지만, 특히 노인들에게 가장 가혹한 것 같습니다. 독일 역사학자 알렉산더 데만트는 "역사는 모든 것을 망각하게 하는 시간과의 싸움이다"고 했지만,[394] 이런 말이 더 어울릴 것 같습니다. "노년기는 모든 것을 망각하게 하는 시간과의 싸움이다."

**45**

늙는다는 것은
나쁜 습관이다

제1차 세계대전에서 육군 장관으로 프랑스를 승리로
이끌었던 프랑스 정치가 조르루 클레망소는 87세 되던
해에 가진 인터뷰에서 "나는 진실을 말할 수 있을 만큼
나이를 먹었다. 나이의 특권 중 하나가 이게 아니겠는
가"라고 말했습니다. 이에 화답하듯 영국 철학자 버트
런드 러셀은 "내 머리카락이 하얗게 될수록 사람들은
내가 말하는 것을 더 믿으려고 하는 것 같다"고 말했지
요. 글쎄, 그랬던 시절이 있었는지는 모르겠습니다만,
오늘날엔 나이를 먹은 게 '특권'은커녕 '장애'로 통하는
세상이지요.

나이 든 사람에게 필요한 건 이른바 '정신 승리'이지요. 미국 군인 더글러스 맥아더는 "확신을 가지고 살면 젊고 불안해하면 늙는다, 다시 말해 자신감 있으면 젊고 불안해하면 늙는 것이고 희망이 있으면 젊게, 절망 속에 살면 늙는 것이다"고 했고,[395] 프랑스 작가 앙드레 모루아는 "늙는다는 것은 바쁜 사람이면 가질 수 없는 나쁜 습관이다"고 했지요.[396]

노벨물리학상을 수상한 영국 물리학자 폴 디랙은 "나이가 든다는 것은 물리학자에게는 공포다. 서른을 넘긴 물리학자라면 차라리 죽는 게 낫다"고까지 말했습니다. 이 말을 거들겠다는 듯 미국 사회과학자 아서 브룩스는 "우리의 전문성은 우리의 예상보다 훨씬 일찍부터 쇠퇴하기 시작한다"고 했지요.[397]

하지만 심리학자 최인철은 다른 견해를 제시합니다. 그는 "너무 많은 사람들이 너무 일찍 전투를 포기하고 있다. 나이와 함께 늘어나는 일상의 의무들과 조직에서 맡게 되는 보직들을 핑계 삼아 탁월성에 대한 추구를 포기한 채 조로早老의 삶을 살고 있다"며 이렇게 말합니다. "나이가 들수록 성과가 줄어드는 이유는 나이 자체 때문이 아니라 나이가 들수록 노력을 훨씬 덜 하기 때문이다. 전성기는 언제든 찾아올 수 있다. 어쩌면 바로 눈앞에 와 있는지도 모른다. 전성기가 지났을지 모른다는 두려움이 클수록 전성기가 자신의 목전에 와 있다는 용기를 가져야 한다."[398]

최인철의 선의는 칭찬받아 마땅하지만, 진실과는 거리가 좀 있는 것 같습니다. 50세 이후에는 뇌의 무게가 매 10년마다 2퍼센트씩 줄어들어 기억력이 점차 떨어지는 건 물론이고 새로운 학습에 어려움이 생긴다는 게 정설이라고 하거든요.[399] 물론 그렇다고 서둘러 전투를 포기할 필요는 없겠지요. 전성기가 자신의 목전에 와 있다는 용기를 갖되 나이 든 사람들이 지켜야 할 규칙이 있습니다. 영국 정치가이자 작가인 벤저민 디즈레일리는 "자꾸 옛날이야기를 하는 버릇에 빠져드는 건 세상에서 은퇴를 할 때가 되었다는 신호다"고 했는데, 이게 가장 대표적인 금기 사항이지요. 청년들은 이걸 소재로 한 '아재 개그'도 곤란하다고 하네요. 『동아일보』에 실린 '꼰대독립선언서'는 다음과 같이 말합니다.

"'꼰대'는 늘 제자리를 지킨다. 새로운 꼰대도 온다. '라테 이즈 호스Latte is horse'라며 유쾌하게 말을 건다. 아! 꼰대들의 말투를 빗대 '나 때는 말이야'를 비슷한 발음의 '라테(커피)', 'is', '말horse'로 바꾼 표현이다. 미안하지만 우리는 하나도 재미있지 않다. 웃어넘길 수 없는 문제에 도저히 웃을 수 없다. 우리가 겪은 꼰대는 구체적이고, 실체가 있다. '워커홀릭'을 의무로 알고, '열정 페이'를 강요한다. 허접한 조언을 '꿀팁'으로 착각한다. 세상이 바뀌었다. 우리는 '훈수 마니아'를 거부한다."

하지만 꼰대들이 너무 비관할 건 없을 것 같습니다. 청년들은 꼰대를 나이로 따지진 않는다고 하니까요. "청년 중에도 꼰대가 많다. 바로 '젊은 꼰대(젊꼰)'다. 나이 한두 살 많다고, 조금 먼저 일을 시작했다고 자존심만 내세우는 꼰대들이다. 우리도 이런 '젊꼰'들 탓에 골치가 아프다. 그래서 우리는 다 함께 꼰대 문화와 단절할 것을 요구한다.……우리가 바라는 것은 그리 대단한 게 아니다. 서로 존중하고 배려해주세요, 함부로 간섭하지 마세요, 반말하지 마세요, 지하철에서 다리 벌리지 마세요, 자식 같다, 손주 같다는 말 좀 그만하세요……. 한 문장으로 줄이면 '상식에 맞게 행동하세요'일 것이다."[400]

정말 상식에 맞게 행동하면 꼰대 소리를 듣지 않을

수 있을까요? 우문愚問입니다. 상식의 세계가 서로 다른데, 오랜 세월 몸에 밴 자신의 상식을 어찌 뛰어넘을 수 있을까요? 물론 그렇다고 이 또한 미리 포기할 필요는 없습니다. 스페인 화가 파블로 피카소는 "젊어지는 데는 오랜 시간이 걸린다"고 했습니다.[401] 오랜 시간이 걸릴망정 젊어지는 걸 포기할 필요는 없다는 것이지요.

# 46

"청춘靑春! 이는 듣기만 하여도 가슴이 설레는 말이다. 청춘! 너의 두 손을 가슴에 대고, 물방아 같은 심장의 고동鼓動을 들어보라. 청춘의 피는 끓는다. 끓는 피에 뛰노는 심장은 거선巨船의 기관汽罐과 같이 힘 있다. 이것이다. 인류의 역사를 꾸며 내려온 동력은 바로 이것이다." 고등학교 국어 교과서에 실려 거의 외우다시피 했던 민태원의 '청춘 예찬'입니다. 삶이 고달픈데도 '청춘'이라는 게 그렇게 대단한 건가 하는 의아심을 갖고 그 내용을 음미했던 학생도 많았을 것입니다.

과장이 지나치다 싶겠지만, 1929년에 발표된 글이라는 걸 감안할 필요가 있겠습니다. 나라를 빼앗긴 지 20년째, "이상! 우리의 청춘이 가장 많이 품고 있는 이상! 이것이야말로 무한한 가치를 가진 것이다. 사람은 크고 작고 간에 이상이 있음으로써 용감하고 굳세게 살 수 있는 것이다"라고 외칠 만하지 않은가요. 특히 35세의 혈기 넘치는 식민지 지식인에게 이상이 없다면 도대체 무엇으로 살아갈 수 있었겠습니까? 좌절과 패배감에 찌든 기성세대에게 무엇을 기대할 수 있었겠습니까? 그래서 "보라, 청춘을! 그들의 몸이 얼마나 튼튼하며, 그들의 피부가 얼마나 생생하며, 그들의 눈에 무엇이 타오르고 있는가?"라는 찬탄을 발하지 않을 수 없었을 것입니다.

그렇긴 하지만, 인류 역사 이래로 모든 인간이 청춘을 탐낸 건 분명한 사실이지요. 특히 30세라는 나이에 큰 의미를 두었던 것 같습니다. 영국 작가 찰스 램은 "사람은 30세가 되기 전에는 자신이 죽는다는 사실을 결코 현실로 느끼지 못한다"고 했고,[402] 미국 철학자 랠프 월도 에머슨은 "30세가 넘은 뒤 죽는 날까지는 대여섯 번쯤 예외가 있을 뿐 거의 매일 아침에 눈 뜰 때마다 슬프다"고 했지요.[403]

가수 김광석은 죽기 2년 전인 1994년에 발표한 〈서른 즈음에〉에서 이렇게 노래했지요. "또 하루 멀어져간다 내뿜은 담배 연기처럼 / 작기만 한 내 기억 속에 / 무얼 채워 살고 있는지 / 점점 더 멀어져간다 머물러 있는 청춘인 줄 알았는데 / 비어 가는 내 가슴속엔 더 아무것도 찾을 수 없네 / …… / 매일 이별하며 살고 있구나."

겨우 서른 즈음에 멀어져가는 청춘을 한탄하다니, 해도 너무했습니다. 마흔 즈음을 넘어선 사람들은 어떻게 살라고 그런 걸까요? 그러나 기죽을 것 없습니다. 50대의 나이에도 청춘을 개똥처럼 여기는 사람도 있으니까 말입니다. "'청춘은 아름답다'고 하는 것 같은데, 나는 그렇게 생각 안 해." 소설가 김훈의 말입니다. 그는 55세 때인 2002년에 다음과 같이 말했지요.

"친구가 없어요. 또래 친구들은 나를 좋아하지 않아요. 다 10살 아래죠. 우리 마누라도 이상하대요. 그런데 쉰다섯 먹은 사내새끼들이라는 것은 대부분 썩고 부패해 있거나, 일상에 매몰된 아주 진부한 놈들이거든요. 그래서 상대할 수가 없어요. 그럼 내가 젊은 놈들하고 통하나? 그렇지도 않아요. 난 사실 20대도 싫어. 젊은 놈들을 보면 그런 놈들의 나이를 다 졸업했다는 것

이 참 다행스럽게 여겨져. 저런 무지몽매한 자식들하고
는 이젠 상종할 일이 없으니까, 얼마나 다행이냐고?(그
는 '킥' 웃었다). 그놈들이 뭐 부럽다는 생각은 추호도 해
본 적이 없어요. 그 시절로 절대로 돌아가고 싶지도 않
아요. 그런 무질서와 몽매 속에서 사는 걸 '청춘은 아름
답다'고 하는 것 같은데, 나는 그렇게 생각 안 해."[404]

객기일까요? 아닙니다. 세상의 유행과 여론에 휩쓸
리지 않는, 김훈다운 배포와 진실이 담긴 진술입니다.
50대도 꾸짖었으니, 매우 공정하기까지 합니다. 스위
스 정신의학자 카를 구스타프 융은 "30세가 된 남자가
여전히 유아적인 태도를 갖고 있는 것은 분명 개탄할
만한 일이다"며 "그러니 청년 같은 70대라는 것은 과
연 유쾌한 일이 될 수 있을까?"라고 물었지요. 그가 내
놓은 답은 "둘 다 경우에 맞지 않는 정신적 기형일 뿐
이다"는 겁니다.[405]

청춘이 아닌 분들, 너무 기죽지 마십시오. 오늘날의
'청춘 예찬'은 자본주의 상술로 인해 부풀려진 것이라
는 것도 감안할 필요가 있겠습니다. "청춘이 바로 사업
이다." 1930년대 미국이 경기 회복을 노리던 때 광고
회사들이 내건 슬로건입니다. 언론학자 원용진은 당시

미국은 새로운 소비 주체를 형성해야 했고, 더 많은 소비를 촉진시켜야 했던 때라 광고는 청춘의 재구성이라는 큰 프로젝트에 착수했다며 이렇게 말합니다. "광고는 지속적으로 모습을 달리하는 청춘을 온갖 수사를 다해 창조해냈다. 소비로 한층 더 멋져진 청춘, 부모 세대와는 다른 빛나는 청춘, 놀아서 즐거운 청춘, 모험적이어서 진취적인 청춘, 에로틱한 몸을 가져서 더 탐나는 청춘 이런 식으로 말이다."[406]

이거 옛날이야기가 아닙니다. 지금도 진행되고 있는 프로젝트이지요. 감히 청춘을 폄하하기 위해 소개한 이야기가 아닙니다. 소비자본주의가 침을 흘리는 사업 대상으로서 청춘이 아니라, 독립적이고 주체적인 청춘 사업을 해보자는 뜻입니다. 청춘의 정의와 매력과 비전을 광고 매체에 의존해 발견하지 말고, 각자 자신에게 어울리는 다양한 방식으로 스스로 창출해보는 게 어떻겠습니까? 어느 한곳을 향해서만 똑같이 질주하는 획일화된 청춘, 그것은 청춘일 수 없습니다. 나이가 어리건 많건 나이를 가지고 차별하지 않는 세상이 되면 좋겠습니다.

# 47

만국의 노바디여 단결하라

"우리는 아무것도 아니야. 우리는 부호 목록의 하위에 있잖아." 미국 월스트리트의 유명한 기업 사냥꾼 이반 보에스키의 말입니다. 보에스키는 1982년 처음으로 『포브스』의 부호 목록에 올랐는데, 좋아하기는커녕 화를 내면서 아내에게 그렇게 말했다는군요. 그러면서 이런 다짐을 했다고 합니다. "결코 다시는 당신을 부끄럽게 만들지 않겠다고 약속하지. 결코 그 목록의 밑바닥에 남아 있지 않을 거야."[407]

이처럼 서열과 탐욕에 중독된 보에스키의 삶은 엽기

적이었습니다. 그는 이미 평생 쓰고도 남을 만큼 엄청난 돈을 벌었는데도 그에겐 푼돈일 수도 있는 몇 백만 달러를 더 벌겠다고 불법을 저질러 수년간 감옥살이를 하면서 몰락했습니다. 하지만 보에스키는 극단을 치달아 자멸한 것일 뿐, 거의 대부분의 서열 중독자들은 건재하지요.

"만국의 노바디여, 단결하라! 우리가 잃을 것은 수치심 말고는 아무것도 없다." 미국 교육개혁가인 로버트 풀러가 『섬바디와 노바디Somebodies and Nobodies』(2003)라는 책에서 외친 말입니다. 그는 섬바디가 노바디에게 가하는 차별을 서열에 따른 서열주의rankism라고 정의하면서 서열주의야말로 '모든 주의의 어머니Mother of All Isms'이기 때문에 서열주의의 타파야말로 인간의 평등과 존엄성을 회복할 수 있는 21세기 인류의 도덕적 목표라고 역설합니다.[408]

조직 내의 완고한 서열 문화가 혁신을 어렵게 만든다는 사실이 알려지자, 한동안 여러 기업 사이에 '호칭 파괴'가 유행처럼 번졌습니다. CJ, SKT, 아모레퍼시픽 등은 수직적 조직문화를 수평적 조직문화로 변화시키겠다며 기존의 호칭을 없애고 이름 뒤에 '님'을 붙이도록 했지요. 그러나 경제학자 유정식은 "서열이 없는 동물 사회는 상상하기 어려울 정도로 서열은 동물들에게 스며 있는 본능적 관습이다"며 다음과 같이 말합니다.

"그 효과는 생각만큼 크지 않을 것 같다. 호칭이 사라졌다고 해서 서열이 없어지는 것은 절대 아니기 때문이다. 미국 기업들은 호칭 대신 이름first name을 부르는 것이 이미 일반화됐지만 위계질서 자체를 절대 포기하지 않는다. 호칭은 누가 높은지 낮은지를 알려주는 편리한 도구이기 때문에, 그걸 없애는 것은 우리의 '서열 지향성 유전자'를 혼란에 빠뜨리는 행동이다. 그래서인지 몇몇 기업은 호칭 파괴를 철회했다고 한다. 서열은 절대 없어지지 않기 때문인 것이다."[409]

그래서 젊은 대학생들까지 대학 서열에 미쳐 돌아가는 걸까요? "학교 야구잠바는 대학 서열에 따라 누구는 입고, 누구는 안 입으며, 누구는 못 입는다." 사회학자 오찬호의 말입니다. 20대 대학생들은 야구잠바를 '패션의 영역'에서가 아니라, 어떤 신분증의 개념으로 이해한다고 하네요. 오찬호는 "내가 연구 대상으로 만난 대학생의 65%가 학교가 아닌 곳에서 학교 야구잠바를 볼 때 '일부러' 학교 이름을 확인한다고 답했다"며 다음과 같이 말합니다.

"학교 야구잠바가 신분 과시용 소품이라는 방증이다. 실제로 야구잠바를 입는 비율도 이에 따라 차이가 나서, 이름이 알려진 대학일수록 착용 비율이 높았다. 낮은 서열의 대학 학생들이 학교 야구잠바를 입고 다니면 비웃음을 사기 십상이라 신촌으로 놀러오는 그쪽 대학생들은 자신의 야구잠바를 벗어서 가방에 넣기 바쁘단다. 심지어 편입생의 경우엔 '지가 저거 입고 다닌다고 여기 수능으로 들어온 줄 아나?'라는 비아냥을 듣기도 한다."[410]

풀러는 "만국의 노바디여, 단결하라! 우리가 잃을 것은 수치심 말고는 아무것도 없다"고 했지만, 아무리 봐도 노바디의 단결은 어려울 것 같네요. 노바디들 사이에서도 서열이 있기 때문이지요. 위 서열의 사람에게 당한 사람들은 그런 서열 갑질 자체에 분노하기보다는 자신보다 아래 서열의 사람들에게 갑질, 즉 을질을 하는 것으로 자신의 서러움을 해소하려고 듭니다. 침팬지나 원숭이 같은 영장류들이 그런다는데, 우리 인간도 그 짓을 똑같이 하는 겁니다.

그런 행태를 가리켜 '사이클 타기 반응'이라고 하지요. 경주용 사이클을 타는 사람들은 머리를 낮추고 발로는 열심히 페달을 밟습니다. 그게 상사에게는 머리를 조아리면서 하급자에겐 발길질을 하는 모습과 흡사하다고 해서 붙여진 이름입니다.[411] 어떻게 해야 할까요? 우리 인간은 침팬지와 다를 바 없는 영장류에 불과할 뿐이라고 포기해야 할까요?

하지만 그렇게 서둘러 포기할 일은 아닌 것 같습니다. 서열 없는 인간 세상은 불가능할망정 서열을 내세워 갑질을 해대는 건 문화권과 나라에 따라 크게 다르기 때문입니다. 영장류와 인간을 구분하고 그 차이를 널리 알리는 노력이 필요한 게 아닐까요? 그런 점에서 보자면 이탈자가 많을망정 "만국의 노바디여, 단결하라!"는 슬로건은 유효하다고 볼 수 있겠네요.

# 48

**우리가 함께 꿈을 꾸면 현실이 된다**

역사의 뒷이야기는 늘 흥미롭습니다. 미국의 흑인 민권 운동 지도자인 마틴 루서 킹에 관한 이야기입니다. 그는 1963년 8월 28일 워싱턴D.C.의 링컨기념관 앞에서 '저에겐 꿈이 있습니다 have a dream'라는 연설을 했지요. 이 연설은 흑인과 백인을 합쳐 25만 명이 함께한 워싱턴 행진의 정점이었습니다. 불후의 명연설로 꼽히면서 '꿈' 이야기만 나오면 빠짐없이 인용되지요. 킹의 꿈 이야기를 좀 들어본 후에 뒷이야기를 해보지요.

"저에겐 꿈이 있습니다. 언젠가는 이 나라가 바로 서

모든 인간이 평등하게 태어난 존재임을 자명한 진리로 지키며, 그 신조의 진정한 의미대로 살게 되리라는 꿈이 있습니다. 저에겐 꿈이 있습니다. 언젠가 조지아의 붉은 언덕에서 노예로 살았던 이들의 후손들과 노예를 부렸던 이들의 후손들이 형제애의 식탁에 함께 마주 앉는 날이 올 것이라는. 저에겐 꿈이 있습니다. 불의와 억압의 광기에 허덕이던 사막, 미시시피주마저도 언젠가 자유와 정의의 오아시스로 변모할 것이라는. 저에겐 꿈이 있습니다. 언젠가 저의 네 아이들이 피부색이 아니라 인격의 내용으로 평가받는 날이 올 것이라는."[412]

50년 후인 2013년 8월 20일 뜻밖의 이야기가 밝혀집니다. 이 연설문 초안을 작성한 클래런스 존스가 미국 CBS방송에 출연해 원래 연설문 초안에는 "저에겐 꿈이 있습니다"라는 구절이 들어 있지 않았으며, 킹이 직접 다듬은 최종 문안에도 이 구절은 없었다고 말한 겁니다. 그런데 킹이 전국에서 워싱턴으로 행진해온 25만 명의 기록적인 인파 앞에 서는 순간 기독교 복음성가 가수인 머핼리아 잭슨이 무대를 향해 "마틴, 저들에게 꿈에 대해 말해줘요"라고 외치면서 연설 내용이 바뀌었다는 것이지요.[413]

이는 무얼 말하는 걸까요? 오스트리아 작가 프리덴스라이히 훈데르트바서의 다음 말에 그 답이 있는 것 같습니다. "나 혼자 꿈을 꾸면 그저 꿈일 뿐이다. 하지만 우리 모두가 함께 꿈을 꾸면 그것은 새로운 현실이 된다." 25만 인파의 뜨거운 열기는 꿈과 현실의 경계를 무너뜨리게 만들 수 있는 동력이었을 겁니다.

물론 그 동력이 늘 좋은 방향으로만 작동하는 건 아닙니다. 이 명언과 관련, 진중권은 "황우석 사태 때 대중들이 어느 오스트리아 작가의 말을 인용하는 것을 보고 경악을 한 적이 있다"며 "비록 줄기세포가 없어도 모두가 함께 꿈을 꾸면 없는 줄기세포가 존재하는 가능세계가 실현된다는 것이다"고 꼬집었지요.[414]

미국 소설가 잭 케루악은 "모든 인간은 꿈꾸는 존재다. 꿈은 인류를 하나로 묶는다"고 했습니다.[415] 영국 가수 존 레넌은 〈이매진Imagine〉에서 인류를 하나로 묶는 꿈을 노래했습니다. 이 노래는 기아와 탐욕, 소유, 심지어 국가가 없는 세상을 제시하면서 "나 혼자만 이런 생각을 하는 건 아니에요But I'm not the only one"라고 했지요. 심리학자 로버트 치알디니의 해설이 재미있네요. "그것은 현재와는 다른 세계이며, 사실 기나긴 인류의 역사에서 그런 시대는 한 번도 없었다. 그는 자기 바람이 몽상가의 이상향처럼 보인다는 사실을 인정하면서도 단 한 소절로 노래를 듣는 사람들에게 그 이상향을 받아들이도록 설득했다."[416]

"꿈을 단단히 붙잡아요 / 꿈을 잃으면 삶은 / 날개가 부러져 날지 못하는 / 새와 같으니까요."[417] 인종차별에 저항하는 시를 많이 쓴 미국 시인 랭스턴 휴스의 「꿈」이라는 시입니다. 이 시의 정신을 이어받은 킹의 꿈은 '미완의 혁명'이라는 말을 듣기도 하지만, 50여 년 전과 비교해보면 믿기지 않을 정도로 큰 변화가 있었던 것도 분명한 사실입니다. 그러니 우리 모두 어찌 꿈을 꾸지 않을 수 있겠습니까? 이런 사회적 꿈의 계보를 이어받은 미국 역사학자이자 사회운동가인 하워드 진은 "그렇다. 우리는 꿈꾸는 이들이다"고 당당히 선언합니다.

"우리는 평화로운 세계를 원하며 평등한 세계를 원하며 평등한 사회를 바란다. 전쟁을 반대하며, 소수가 부를 독점하는 자본주의가 지속되는 것을 원하지 않는다. 우리는 품격 있는 사회를 바라고 있는 것이다. 우리는 이 꿈을 굳게 붙들고 나갈 것이다. 만일 우리가 그렇지 않게 된다면, 이 문제가 현실 자체에 매몰되어 아예 꿈도 꾸지 못하게 될 것이기 때문이다."[418]

이 모든 꿈은 함께 꾸는 꿈입니다. 그러나 우리는 언제부턴가 함께 꿈을 꾸지 않습니다. 각자 따로따로 꿈을 꾸지요. 각자도생各自圖生형 꿈이라고나 할까요? 서로 힘을 합하면 바꿀 수 있는 것도 바꾸지 않은 채 현실에 적응만 하는 꿈입니다. 그래서 입시 전쟁에 참전한 학생들 사이에선 이런 말까지 나왔지요. "지금 자면 꿈을 꾸지만, 지금 공부하면 꿈을 이룬다."[419]

그런데 그게 과연 꿈일까요? 자신이 원하는 대학에 들어가는 걸 꿈이라고 할 수가 있느냐는 거지요. 꿈이라한들 그 꿈을 이룬 후에 무얼 하고 싶다는 소망이 있어야 그걸 꿈이라고 할 수 있는 게 아닐까요? 흔히 하는 말로 우리에게 필요한 건 '꿈 너머 꿈'이 아닐까요? 한 가지 분명한 사실은 우리 인간은 그런 '꿈 너머 꿈'이 없인 살 수 없는 '꿈꾸는 존재'라는 점입니다. 더불어 같이 꿈을 꿀 수 있다면 얼마나 좋을까요?

# 49

## 나의 장례식을 상상해보라

우리가 잘 아는 『레미제라블』(1862)의 작가 빅토르 위고는 프랑스인들의 영웅이었습니다. 그가 죽었을 때 그의 관을 따라간 사람이 무려 200만 명이었다고 합니다. 그의 장례식은 군중들이 "빅토르 위고 만세"를 외치는 가운데 오전 11시에서 저녁 7시까지 계속되었습니다. 그의 팬들은 자신들의 우상을 마지막으로 보기 위해 나무, 굴뚝, 지붕, 가로등에까지 올라갔고, 밤에는 파리가 광란의 도가니가 된 가운데 매춘부와 개방적인 여성들이 무리를 지어 다니면서 공원 벤치와 덤불 속에서 위고의 상처받은 숭배자들에게 공짜로 몸을 주었다

는군요.[420]

아, 이게 정녕 위고가 원한 장례였을까요? 비평가인 에드몽 드 콩쿠르는 이렇게 개탄했지요. "구역질이 난다. 이상해, 이 프랑스 국민이! 그들은 더이상 하느님이나 종교를 원하지 않아. 이들은 그리스도를 '탈신화화'하기 무섭게 위고를 '신격화'하는군."[421] 위고의 신격화는 130여 년 전에 끝난 이야기가 아닙니다. 정도는 덜할망정 위고의 신격화는 오늘날에도 이루어지고 있고, 이런 일은 지금 이 순간에도 세계 곳곳에서 일어나고 있습니다. 이는 죽음에 관한 철학적 사건들이라고 불러도 무방할 것입니다.[422]

"메멘토 모리Memento Mori." 우리 인간은 반드시 죽는다는 것을 기억하라는 라틴어죠. 옛날 로마에서는 원정에서 승리를 거두고 개선하는 장군이 시가행진을 할때 노예를 시켜 행렬 뒤에서 이 말을 큰소리로 외치게 했다고 합니다. "전쟁에서 승리했다고 너무 우쭐대지 마라. 오늘은 개선장군이지만, 너도 언젠가는 죽는다. 그러니 겸손하게 행동하라"는 의미에서 생겨난 풍습이라고 합니다.[423]

유럽의 귀족들은 책상 위에 누군가의 해골을 올려놓고 매일 자신의 여생이 점점 짧아지고 있음을 상기하면서 살려고 노력했다는군요. 이 교훈은 예술 형태로까지 발전했지요.[424] 물론 많은 이에게 삶의 교훈을 주기 위해서죠. 한국에서 '메멘토 모리'의 전도사 역할을 해온 이어령은 이렇게 말합니다. "죽음만큼 절박하고 중요한 게 없다. 그래야 산다는 게 뭔지 안다. 사막의 갈증, 빈 두레박의 갈증을 느낀 자만이 물의 맛, 삶의 맛을 아는 것과 같은 이치다. 젊기 때문에 더 죽음을 생각해야 한다. 그게 삶을 인식하는 가장 빠른 길이고, 앞을 찾아갈 수 있는 올바른 길이다."[425]

"죽음은 우리의 영원한 동료이다. 당신이 초조할 때 할 일은 왼편으로 돌아서 당신의 죽음에게 조언을 청하는 것이다. 죽음은 우리가 지닌 유일하게 현명한 조언자이다."[426] 미국 작가 카를로스 카스타네다의 말입니다. "내면의 아이보다 '내면의 시체'를 포옹하라." 미국 작가 앤드루 보이드의 말입니다. 이 말들을 소개한 미국 사회학자 미키 맥기는 "자기계발 서적의 상당수는 독자에게 죽음에 대해 명상하라고 지시하고 있다"며 이렇게 말합니다. "죽음의 공포에 의해 추동되는 무한 가능성, 즉 '될 수 있는 모든 것이 되어보라'는 명령이 현대 자기계발 서적들에 활기를 불어넣는다."[427]

맥기는 그런 자기계발 서적들에 대해 비판적이지만, 그의 직업이 사회학자라는 걸 감안할 필요가 있겠네요. 그는 "자기계발은 개인적으로는 권장될 일이나 사회적으로는 역설적이지만 병리현상이다"고 했지요.[428] 말이라는 게 '아' 다르고 '어' 다른 법이지요. 순서를 바꿔, "자기계발은 사회적으로는 병리현상이지만 개인적으로는 권장될 일이다"고 하면 느낌이 좀 다르지 않나요? 자기생존과 성장에 허덕이는 개인에게 늘 사회를 생각하라고 요구할 수는 없는 일이지요. 특히 다음과 같은 자기계발 조언은 유익하지 않나요?

"자신의 장례식을 상상해보세요. 좀 섬뜩하게 들릴지 모르지만, 인생에서 정말로 중요한 것이 무엇인지를 상기시키는 데는 아주 효과적입니다." 미국 작가 리처드 칼슨의 말입니다. 왜 그렇다는 걸까요? 그는 다음과 같이 말합니다.

"당신의 장례식 날의 모습을 상상하는 것은 아직도 몇몇 중요한 변화를 꾀할 시간이 남아 있는 동안에 당신에게 삶을 되돌아볼 기회를 제공합니다. 좀 무섭거나 고통스럽더라도, 자신의 죽음을 생각하면서 이를 거울 삼아 삶을 반성해보는 것은 얼마나 멋진 일입니까. 그러면 자신이 진정으로 추구했던 인간형이 어떤 유형이었는지, 가장 중요한 일이 무엇인지를 깨닫게 될 것입니다. 그것은 또한 당신을 변화시키는 중요한 원동력이 될 것입니다."[429]

자기계발 붐은 거대 산업이 되었지요. 그런 현상을 비판하는 것도 좋겠습니다만, 그게 비판으로 바뀔 수 없다는 건 그간의 역사가 증명하지요. 그렇다면, 개인과 사회에 모두 도움이 되는 자기계발 대안은 없는 건지 그걸 고민해보는 게 더욱 좋지 않을까요? 심각한 지식인들은 자기계발서들의 과장과 허황됨을 꾸짖지만, 일반 소비자들은 광고의 주장을 그대로 믿진 않듯이 자기계발 담론도 자신의 사정과 필요에 따라 적당한 수준에서 능동적으로 소비하고 있는 건 아닐까요? 자신의 장례식을 상상해보면 좀더 깨끗하게 살아야겠다고 생각하는 이가 그렇지 않은 사람보다 많지 않을까요?

# 50

그리스 신화에 나오는 '판도라의 상자Pandora's Box'는 워낙 유명한 이야기인지라 언론의 기사 제목으로 자주 쓰입니다. 포털사이트에서 '판도라의 상자'를 검색해보면 금방 확인할 수 있을 겁니다. 원래는 '판도라의 항아리'였는데, 네덜란드 성직자이자 학자인 에라스뮈스가 '항아리pithos'라는 단어를 '상자'를 뜻하는 pyxis로 착각해 오역誤譯을 하고 말았다지요. 이미 엎질러진 물인데, 그냥 '상자'로 부르기로 합시다.

신의 우두머리인 제우스가 장인匠人의 신 헤파이스토

스를 시켜 만든 최초의 여자 인간 판도라에게 아름다운 상자를 선물로 주지만, 절대 열어선 안 된다는 조건이 붙어 있었습니다. 판도라가 호기심을 참지 못하고 상자를 열었더니, 이게 웬 일인가요. 그 안에 들어 있던 온갖 악과 재앙과 불행이 상자 밖으로 빠져나오는 게 아닌가요. 판도라는 놀라서 상자를 닫았지만 이미 너무 늦었지요. 미처 빠져나가지 못하고 남은 단 한 가지가 있었는데, 그건 바로 희망이었습니다. 판도라는 명령을 어기고 상자를 연 자신을 책망하면서 제우스의 분노를 걱정했지만, 제우스는 그녀를 벌하지 않았습니다. 모든 게 다 자신의 각본대로 이루어진 일이었기 때문입니다.[430]

의미심장한 신화네요. 이 세상엔 온갖 악과 재앙과 불행이 흘러넘치지만, 이걸 이겨낼 희망은 아직 상자 안에 갇혀 있고, 그걸 개봉할 권한은 각 인간에게 주어졌다는 걸로 해석해보면 어떨까요? 그래서인지 희망의 개봉을 권하는 수많은 명언이 쏟아져 나왔습니다. 영국 작가 오스카 와일드의 말이 가장 강렬한 느낌을 줍니다. "우리는 모두 시궁창 속에서 살고 있지만, 우리 중 일부는 별을 바라보며 산다."[431] 그렇지요. 희망 없이 어떻게 이 험난한 세상을 살아갈 수 있겠습니까?

물론 희망은 자주 장난을 치기도 합니다. 그래서 희망을 예찬하는 명언 못지않게 비판하는 명언도 많이 나왔습니다. "인간은 늘 희망에 속아서 죽음과 씨름한다." 독일 철학자 아르투어 쇼펜하우어의 말입니다. "대다수의 사람들은 세월이 흘러 생애의 마지막 부분에 가서는 '내일은 좀더 나아지겠지, 아니면 내년에는 뭔가 재미있는 일이 터지겠지' 하는 기대 속에 살다가 별 소득 없이 세월을 다 보냈다는 것을 뒤늦게 깨닫고 새삼 환멸과 비애를 느낀다."[432] 독일 철학자 프리드리히 빌헬름 니체는 아예 "희망은 인간의 고통을 연장시킨다는 의미에서 가장 나쁜 악이다"라고까지 말했지요.[433] 그럼에도 희망 없이 살 수 없는 게 우리 인간임을 어찌 하겠습니까?

"우리에겐 그래도 희망 유전자가 있다." 서울대학교 사회학과 교수 송호근이 2016년 경제적 위기와 관련해 한 말입니다. "저성장, 경기 침체, 소득 정체는 견뎌야 할 눈물의 계곡이다. 그럼에도 끝내 붙들고 있어야 할 것은 희망 유전자, 망望의식이다. 망의식은 곧 상승 욕구이자 성취동기다. 소망·희망이 원망怨望과 절망絶望으로 바뀌면 '세계에서 가장 성취동기가 높은 나라' 한국은 주저앉는다. 우리는 그것으로 20세기를 건넜다."[434]

집단적으론 그렇게 믿으면서 열심히 살아가는 게 좋겠습니다만, 문제는 희망의 불균등 배분이 아닌가 합니다. 희망을 실현할 수 있는 가능성이 사람마다 각자 처해 있는 물적 조건에 따라 크게 다르다는 겁니다. 그러니 희망에 대해 싸잡아서 한꺼번에 말하긴 어려울 것 같습니다. 이른바 '희망 고문'을 당하는 사람의 처지에선 '희망'이야말로 저주의 단어일 수 있겠지요.

프랑스 작가 비예르 드 릴라당의 단편소설 「희망 고문」(1883)에선 고리대금업을 했다는 죄로 감옥에 갇힌 유대인 랍비가 어느 날 저녁 탈출구를 발견하고 삶에 대한 벅찬 희망을 갖습니다. 그러나 그 희망은 종교 재판관이 미리 각본을 짜놓은 것이었습니다. 희망을 슬쩍 보여주고 나중에 절망하게 만드는 고문 기법이었다는 것이죠.[435]

고리대금업을 하기는커녕 열심히 일한 죄밖에 없는 수많은 사람이 지금 그런 식의 희망 고문을 당하고 있는 건 아닐까요? 영국 정치가 윈스턴 처칠은 "대중 리더십에서 곧 스러져 없어질 거짓 희망을 제시하는 것보다 더 나쁜 실수는 없다"고 했습니다만,[436] 그건 '실수'가 아니라 '죄악'일 수도 있지요. 사실 희망은 어느덧

타락한 단어가 되고 말았습니다. 어느 기업에선 이른바 '희망퇴직'을 압박받던 한 직원이 자살을 하는 비극적인 일이 벌어졌는데,[437] 이제 '희망'은 '죽음'과 동의어란 말인가요?

그럼에도 우리가 절대 잊지 말아야 할 것이 있습니다. '희망 고문'과 '희망퇴직'에서 희망은 위에서 아래로 주어지거나 강요된 것일 뿐 개인이 주체적으로 택한 단어가 아니었다는 사실을 말입니다. 어느 20대 젊은이는 "이제 젊은이들이 정치인에 속아 섣부른 희망을 품을 만큼 어리석지 않다"고 했지요.[438] 그렇다고 해서 이 젊은이가 자신이 주인이 된 희망마저 포기했다고 믿기는 어렵습니다. 한 가지 분명한 사실은 우리가 희망을 갖건 갖지 않건 수렁 속에서도 별은 보인다는 것입니다.

주

1  김보영, 「봉준호 "'살인의 추억' 전까지 생활고…'괴물' 때는 극단적인
   생각도"」, 『이데일리』, 2020년 2월 11일.

2  월터 레이퍼버(Walter Lafeber), 이정엽 옮김, 『마이클 조던, 나이키,
   지구 자본주의』(문학과지성사, 1999/2001), 119쪽.

3  엄기호, 「추천사: 꿈은 이 시대 청춘의 덫이다」, 한윤형·최태섭·김정
   근, 『열정은 어떻게 노동이 되는가: 한국 사회를 움직이는 새로운 명
   령』(웅진지식하우스, 2011), 5쪽.

4  엄기호, 『교사도 학교가 두렵다: 교사들과 함께 쓴 학교 현장의 이야
   기』(따비, 2013), 33~34쪽.

5  정유진, 「'형편에 맞는 꿈'은 꿈이 아니다」, 『경향신문』, 2019년 9월 16일,
   30면.

6  샘 혼(Sam Horn), 이상원 옮김, 『사람들은 왜 그 한마디에 꽂히는

가』(갈매나무, 2015), 9쪽.

7   아리아나 허핑턴(Ariana Huffington), 강주헌 옮김, 『제3의 성공』
    (김영사, 2014), 226쪽.

8   필립 짐바르도(Philip Zimbardo)·로즈메리 소드(Rosemary
    Sword), 「억제되지 않는 극단적 현재 쾌락주의: 자유세계의 지도
    자, 자신의 직무 부적합성을 끊임없이 증명하다」, 밴디 리(Bandy X.
    Lee) 엮음, 정지인·이은진 옮김, 『도널드 트럼프라는 위험한 사례』
    (심심, 2017/2018), 52쪽.

9   임귀열, 「Never late is better(시간을 놓치지 않고)」, 『한국일보』,
    2010년 6월 23일.

10  정도언, 『프로이트의 의자: 숨겨진 나와 마주하는 정신분석 이야기』
    (인플루엔셜, 2009), 227쪽; 제임스 보그(James Borg), 정향 옮김,
    『마음의 힘: 생각의 습관을 바꾸는 마인드 파워 트레이닝』(한스미디
    어, 2010/2011), 355쪽.

11  스펜서 존슨(Spencer Johnson), 형선호 옮김, 『선물』(알에이치코리
    아, 2003/2011), 42쪽.

12  리처드 칼슨(Richard Calson), 강정 옮김, 『사소한 것에 목숨 걸지
    마라: 습관 바꾸기 편』(도솔, 1997/2004), 284~286쪽.

13  임귀열, 「[임귀열 영어] Time is of the essence. Seize the day(현
    재에 충실하라)」, 『한국일보』, 2015년 10월 7일.

14  김희섭, 「"상상을 현실로…" 변화·혁신으로 세상을 바꿔: '창조 경영'
    의 제왕 애플 컴퓨터 CEO 스티브 잡스」, 『조선일보』, 2007년 1월 5일,
    A6면; 조영탁, 「스티브 잡스/처참한 실패를 넘어서 21세기 최고의 기
    업가로」, 『조선일보』, 2007년 3월 3일, B11면.

15  롤프 도벨리(Rolf Dobelli), 유영미 옮김, 『불행 피하기 기술: 영리하
    게 인생을 움직이는 52가지 비밀』(인플루엔셜, 2017/2018), 152쪽.

16  더글러스 러시코프(Douglas Rushkoff), 박종성·장석훈 옮김, 『현

재의 충격: 모든 것이 지금 일어나고 있다』(청림출판, 2013/2014),
9~10쪽.

17  필립 샌드블롬(Philip Sandblom), 박승숙 옮김, 『창조성과 고통: 위
대한 예술가는 위대한 병자다』(아트북스, 1982/2003), 165쪽.

18  로버트 하그리브스(Robert Hargreaves), 오승훈 옮김, 『표현 자유
의 역사』(시아출판사, 2002/2006), 300~304쪽.

19  아르투어 쇼펜하우어(Arthur Schopenhauer), 이동진 옮김, 『사랑
은 없다: 쇼펜하우어 인생론 에세이』(해누리, 2004), 160, 191쪽.

20  리처드 칼슨(Richard Calson), 강미경 옮김, 『우리는 사소한 것에 목
숨을 건다』(창작시대, 1997/2000), 154쪽.

21  김현철, 『불안하니까 사람이다: 정신과 의사들만 아는 불안 심리 30』
(애플북스, 2011), 118쪽.

22  대커 켈트너(Dacher Keltner), 하윤숙 옮김, 『선의 탄생』(옥당,
2009/ 2011), 200~201쪽.

23  베르트랑 베르줄리(Bertrand Vergely), 성귀수 옮김, 『슬픈 날들의
철학』(개마고원, 2003/2007), 91~92쪽.

24  베르트랑 베르줄리(Bertrand Vergely), 성귀수 옮김, 『슬픈 날들의
철학』(개마고원, 2003/2007), 93~94쪽.

25  허버트 알철(J. Herbert Altschull), 양승목 옮김, 『현대언론사상사:
밀턴에서 맥루한까지』(나남, 1990/1993), 279~283쪽; 서울대학교 철
학사상연구소, 「제러미 벤담[Jeremy Bentham]」, 『네이버 지식백과』.

26  탁석산, 『행복 스트레스: 행복은 어떻게 현대의 신화가 되었나』(창비,
2013), 36~37쪽

27  리처드 레이어드(Richard Layard), 정은아 옮김, 『행복의 함정: 가
질수록 행복은 왜 줄어드는가』(북하이브, 2005/2011), 63~67쪽; 제
러미 리프킨(Jeremy Rifkin), 이경남 옮김, 『공감의 시대』(민음사,
2009/ 2010), 621, 624쪽; 강준만, 「왜 행복은 소득순이 아닌가?: 쾌

락의 챗바퀴」, 『생각의 문법: 세상을 꿰뚫는 50가지 이론 3』(인물과사상사, 2015), 150~156쪽 참고.

28  윤민용, 「'행복학' 칙센트미하이 박사 "긍정적 몰입이 행복감의 원천"」, 『경향신문』, 2007년 11월 22일.

29  앤서니 그랜트(Anthony M. Grant)·앨리슨 리(Alison Leigh), 정지현 옮김, 『행복은 어디에서 오는가』(비즈니스북스, 2010/2013), 20쪽.

30  Ronald W. Dworkin, 『Artificial Happiness: The Dark Side of the New Happy Class(New York: Carroll & Graf Publishers, 2006), p.4.

31  버트런드 러셀(Bertrand Russell), 송은경 옮김, 『인간과 그밖의 것들』(오늘의책, 1975/2005), 104~107쪽.

32  리베카 솔닛(Rebecca Solnit), 정해영 옮김, 『이 폐허를 응시하라: 대재난 속에서 피어나는 혁명적 공동체에 대한 정치사회적 탐사』(펜타그램, 2009/2012), 166~167쪽.

33  리베카 솔닛(Rebecca Solnit), 정해영 옮김, 『이 폐허를 응시하라: 대재난 속에서 피어나는 혁명적 공동체에 대한 정치사회적 탐사』(펜타그램, 2009/2012), 17, 464쪽.

34  나오미 클라인(Naomi Klein), 김소희 옮김, 『쇼크 독트린: 자본주의 재앙의 도래』(살림비즈, 2007/2008), 515쪽.

35  나오미 클라인(Naomi Klein), 김소희 옮김, 『쇼크 독트린: 자본주의 재앙의 도래』(살림비즈, 2007/2008), 15, 524쪽.

36  리베카 솔닛(Rebecca Solnit), 정해영 옮김, 『이 폐허를 응시하라: 대재난 속에서 피어나는 혁명적 공동체에 대한 정치사회적 탐사』(펜타그램, 2009/2012), 166쪽.

37  마이클 본드(Michael Bond), 문희경 옮김, 『타인의 영향력: 그들의 생각과 행동은 어떻게 나에게 스며드는가』(어크로스, 2014/2015), 83쪽.

38  울리히 벡(Ulrich Beck), 박미애·이진우 옮김, 『글로벌 위험사회』(길,

2007/2010), 114쪽.

39  리베카 솔닛(Rebecca Solnit), 정해영 옮김, 『이 폐허를 응시하라:
    대재난 속에서 피어나는 혁명적 공동체에 대한 정치사회적 탐사』(펜
    타그램, 2009/2012), 22쪽.

40  전정윤, 「불안사회 공황장애」, 『한겨레21』, 제1300호(2020년 2월 17일.)

41  스콧 스토셀(Scott Stossel), 홍한별 옮김, 『나는 불안과 함께 살아간
    다: 희망과 회복력을 되찾기 위한 어느 불안증 환자의 지적 여정』(반
    비, 2014/2015), 52~53쪽.

42  정도언, 『프로이트의 의자: 숨겨진 나와 마주하는 정신분석 이야기』
    (인플루엔셜, 2009), 91쪽.

43  스콧 스토셀(Scott Stossel), 홍한별 옮김, 『나는 불안과 함께 살아간
    다: 희망과 회복력을 되찾기 위한 어느 불안증 환자의 지적 여정』(반
    비, 2014/2015), 59~60쪽.

44  스콧 스토셀(Scott Stossel), 홍한별 옮김, 『나는 불안과 함께 살아간
    다: 희망과 회복력을 되찾기 위한 어느 불안증 환자의 지적 여정』(반
    비, 2014/2015), 401~402쪽.

45  베르트랑 베르줄리(Bertrand Vergely), 성귀수 옮김, 『슬픈 날들의
    철학』(개마고원, 2003/2007), 157, 162쪽.

46  테일러 클락(Taylor Clark), 문희경 옮김, 『너브: 두려움을 이기는 강
    심장의 비밀』(한국경제신문, 2011/2013), 220쪽.

47  로리 애슈너(Laurie Ashner)·미치 메이어슨(Mitch Meyerson),
    조영희 옮김, 『사람은 왜 만족을 모르는가?』(에코의서재, 1996/2006),
    146쪽.

48  김정운, 「걱정은 '가나다순'으로 하는 거다!」, 『조선일보』, 2018년 1월
    17일.

49  스콧 스토셀(Scott Stossel), 홍한별 옮김, 『나는 불안과 함께 살아간
    다: 희망과 회복력을 되찾기 위한 어느 불안증 환자의 지적 여정』(반

비, 2014/2015), 392쪽.

50 정창수, 「뭉크의 절규, 한국 사회의 절규」, 『시민의신문』, 2006년 9월
9일, 15면.

51 스티븐 파딩(Stephen Farthing) 편, 박미훈 옮김, 『501 Great Artists
위대한 화가: 미술계 거장들에 대한 알기 쉬운 안내서』(마로니에북
스, 2008/2009); 「에드바르드 뭉크」, 『네이버 지식백과』.

52 필립 샌드블롬(Philip Sandblom), 박승숙 옮김, 『창조성과 고통: 위
대한 예술가는 위대한 병자다』(아트북스, 1982/2003), 130쪽.

53 프리드리히 니체(Friedrich Wilhelm Nietzsche), 장희창 옮김, 『차
라투스트라는 이렇게 말했다』(민음사, 1883~1885/2004), 529~530쪽.

54 정도언, 『프로이트의 의자: 숨겨진 나와 마주하는 정신분석 이야기』
(인플루엔셜, 2009), 103쪽.

55 톰 켈리(Tom Kelley) · 데이비드 켈리(David Kelley), 박종성 옮김,
『유쾌한 크리에이티브: 어떻게 창조적 자신감을 이끌어낼 것인가』(청
림출판, 2013/2014), 91쪽.

56 케네스 데이비스(Kenneth C. Davis), 이순호 옮김, 『미국에 대해 알
아야 할 모든 것, 미국사』(책과함께, 2003/2004), 404쪽.

57 Max Cryer, 『Common Phrases』(New York: Skyhorse, 2010),
pp. 209~210.

58 세스 고딘(Seth Godin), 박세연 옮김, 『이카루스 이야기: 생각을 깨
우는 변화의 힘』(한국경제신문, 2012/2014), 129쪽.

59 재키 마슨(Jacqui Marson), 정영은 옮김, 『모두에게 사랑받을 필요
는 없다: 타인의 기대에서 벗어나 당당하게 'No'하고 우아하게 거절
하는 법』(윌컴퍼니, 2013/2014), 260쪽.

60 정도언, 『프로이트의 의자: 숨겨진 나와 마주하는 정신분석 이야기』(인
플루엔셜, 2009), 107, 109쪽.

61 샘 혼(Sam Horn), 이상원 옮김, 『사람들은 왜 그 한마디에 꽂히는가』

(갈매나무, 2015), 144쪽.

62 버나드 맨더빌(Bernard Mandeville), 최윤재 옮김, 『꿀벌의 우화: 개
   인의 악덕, 사회의 이익』(문예출판사, 1714/2011); 로버트 스키델스키
   (Robert Skidelsky) · 에드워드 스키델스키(Edward Skidelsky), 김
   병화 옮김, 『얼마나 있어야 충분한가』(부키, 2012/2013), 89~90쪽.

63 스티븐 맥나미(Stephen J. McNamee) · 로버트 밀러 주니어(Robert
   K. Miller Jr.), 김현정 옮김, 『능력주의는 허구다: 21세기에 능력주의
   는 어떻게 오작동되고 있는가』(사이, 2015), 217쪽.

64 안상헌, 『내 삶을 만들어준 명언 노트』(랜덤하우스중앙, 2005), 226쪽.

65 스티븐 코비(Stephen R. Covey), 김경섭 옮김, 『성공하는 사람들의
   8번째 습관』(김영사, 2004/2005), 39쪽.

66 올리버 버크먼(Oliver Burkeman), 김민주 · 송희령 옮김, 『행복중독
   자: 사람들은 왜 돈, 성공, 관계에 목숨을 거는가』(생각연구소, 2011/
   2012), 225쪽.

67 토머스 차모로-프레무지크(Tomas Chamorro-Premuzic), 이현정
   옮김, 『위험한 자신감: 현실을 왜곡하는 아찔한 습관』(더퀘스트, 2013
   /2014), 216쪽.

68 김현철, 『불안하니까 사람이다: 정신과 의사들만 아는 불안 심리 30』
   (애플북스, 2011), 5쪽.

69 오리아나 팔라치(Oriana Fallaci), 김희정 옮김, 『나는 침묵하지 않는
   다: 오리아나 팔라치, 나 자신과의 인터뷰』(행성B, 2016/2018), 157쪽.

70 스티븐 샤피로(Stephen M. Shapiro), 마도경 옮김, 『목표가 독이다:
   삶의 유연함이 주는 성공의 기회』(중앙위즈, 2006/2015), 21쪽.

71 아리아나 허핑턴(Ariana Huffington), 강주헌 옮김, 『제3의 성공』
   (김영사, 2014), 236쪽.

72 안상헌, 『내 삶을 만들어준 명언 노트』(랜덤하우스중앙, 2005), 32쪽.

73 변희원, 「실패자의 보약…망비보를 아십니까?」, 『조선일보』, 2020년

2월 6일.

74 장석주, 『글쓰기는 스타일이다: 책읽기에서 글쓰기까지 나를 발견하는 시간』(중앙북스, 2015), 154쪽.

75 선안남, 『행복을 부르는 자존감의 힘』(소울메이트, 2011), 80쪽.

76 로버트 서튼(Robert I. Sutton), 오성호 옮김, 『역발상의 법칙』(황금가지, 2002/2003), 173쪽; Warren G. Bennis & Robert J. Thomas, 『Geeks & Geezers: How Era, Values, and Defining Moments Shape Leaders』(Boston, Mass.: Harvard Business School Press, 2002), p.173.

77 데이비드 실즈(David Shields), 김명남 옮김, 『우리는 언젠가 죽는다』(문학동네, 2008/2010), 218쪽.

78 로버트 서튼(Robert I. Sutton), 오성호 옮김, 『역발상의 법칙』(황금가지, 2002/2003), 177쪽.

79 로버트 서튼(Robert I. Sutton), 오성호 옮김, 『역발상의 법칙』(황금가지, 2002/2003), 173쪽.

80 헥터 맥도널드(Hector Macdonald), 이지연 옮김, 『만들어진 진실: 우리는 어떻게 팩트를 편집하고 소비하는가』(흐름출판, 2017/2018), 212쪽.

81 데이브 알레드(Dave Alred), 이은경 옮김, 『포텐셜: 결정적인 순간에 해내는 사람들의 1% 차이』(비즈니스북스, 2016/2017), 25쪽.

82 신지민, 「자존감도 좋지만…그게 다 자존감 낮은 내 탓인가요」, 『한겨레』, 2018년 8월 11일.

83 주혜주, 『마음극장』(인물과사상사, 2014), 70~71쪽.

84 제러미 리프킨(Jeremy Rifkin), 이경남 옮김, 『공감의 시대』(민음사, 2009/2010), 498~499쪽.

85 Joseph A. DeVito, 『Human Communication』, 7th ed.(New York: Longman, 1997), p.73.

86 이인식, 『이인식의 멋진 과학 1』(고즈윈, 2011), 44~45쪽.

87 스티븐 브라이어스(Stephen Briers), 구계원 옮김, 『엉터리 심리학』
(동양북스, 2012/2014), 33쪽; 강준만, 「왜 일부 성공한 유명 인사들
은 패가망신을 자초하는가?: 자아 팽창」, 『습관의 문법: 세상을 꿰뚫
는 이론 7』(인물과사상사, 2019), 93~98쪽 참고.

88 「'개인 자부심' 높은 나라 세르비아가 1위」, 『중앙일보』, 2005년 9월
30일, 11면; 손제민, 「'자부심' 없는 한국인?」, 『경향신문』, 2005년 9월
30일, 12면; 이건호, 「일본인 '자부심' 세계 최하」, 『조선일보』, 2005년
9월 30일, A18면.

89 리처드 니스벳(Richard E. Nisbett), 최인철 옮김, 『생각의 지도』(김
영사, 2003/2004), 59쪽.

90 너새니얼 브랜든(Nathaniel Branden), 김세진 옮김, 『자존감의 여섯
기둥: 어떻게 나를 사랑할 것인가』(교양인, 1994/2015); 벨 훅스(Bell
Hooks), 이영기 옮김, 『올 어바웃 러브』(책읽는수요일, 2000/2012),
91~92쪽.

91 박완서 외, 『평생 간직하고픈 글』(북카라반, 2017), 81쪽.

92 김선경, 「[알고 쓰는 말글] '우연하다'와 '우연찮다'는 같은 말」, 『경향
신문』, 2014년 7월 31일.

93 「Serendipity(film)」, 『Wikipedia』; 강준만, 「왜 우연은 준비된 자에
게만 미소 짓는가?: 세렌디피티」, 『독선 사회: 세상을 꿰뚫는 50가지
이론 4』(인물과사상사, 2015), 181~185쪽 참고.

94 엘프리다 뮐러-카인츠(Elfrida Müller-Kainz)·크리스티네 죄닝
(Christine Sönning), 강희진 옮김, 『더 본능적으로 살아라』(타커스,
2003/2012), 290쪽.

95 거다 리스(Gerda Reith), 김영선 옮김, 『도박: 로마제국에서 라스베가
스까지 우연과 확률 그리고 기회의 역사』(꿈엔들, 2002/2006), 29쪽.

96 롤프 도벨리(Rolf Dobelli), 유영미 옮김, 『불행 피하기 기술: 영리하

게 인생을 움직이는 52가지 비밀』(인플루엔셜, 2017/2018), 159쪽.

97  피터 틸(Peter Thiel)·블레이크 매스터스(Blake Masters), 이지연 옮김, 『제로 투 원』(한국경제신문, 2014), 82쪽.

98  알랭 드 보통(Alain de Botton), 정영목 옮김, 『불안』(은행나무, 2004 /2011), 238쪽.

99  진 스펄링(Gene Sperling), 홍종학 옮김, 『성장친화형 진보: 함께 번영하는 경제전략』(미들하우스, 2005/2009), 54쪽.

100  폴 존슨(Paul Johnson), 김욱 옮김, 『지식인들(하)』(한언, 1988/ 1993), 142쪽.

101  미하엘 코르트(Michael Korth), 권세훈 옮김, 『광기에 관한 잡학사전』(을유문화사, 2003/2009), 21쪽; 필립 샌드블롬(Philip Sandblom), 박승숙 옮김, 『창조성과 고통: 위대한 예술가는 위대한 병자다』(아트북스, 1982/2003), 70~71쪽.

102  올리버 버크먼(Oliver Burkeman), 김민주·송희령 옮김, 『행복중독자: 사람들은 왜 돈, 성공, 관계에 목숨을 거는가』(생각연구소, 2011/2012), 44쪽.

103  듀크 로빈슨(Duke Robinson), 유지훈 옮김, 『좋은 사람 콤플렉스: 착한 사람들이 힘들어하는 9가지 이유』(소울메이트, 1997/2009), 40쪽.

104  듀크 로빈슨(Duke Robinson), 유지훈 옮김, 『좋은 사람 콤플렉스: 착한 사람들이 힘들어하는 9가지 이유』(소울메이트, 1997/2009), 49쪽.

105  올리버 버크먼(Oliver Burkeman), 김민주·송희령 옮김, 『행복중독자: 사람들은 왜 돈, 성공, 관계에 목숨을 거는가』(생각연구소, 2011/2012), 323쪽.

106  올리버 버크먼(Oliver Burkeman), 김민주·송희령 옮김, 『행복중독자: 사람들은 왜 돈, 성공, 관계에 목숨을 거는가』(생각연구소, 2011/2012), 323쪽.

107  박진영, 『심리학 일주일』(시공사, 2014), 97쪽.

108 기시미 이치로(岸見一郎)·고가 후미타케(古賀史健), 전경아 옮김, 『미움받을 용기: 자유롭고 행복한 삶을 위한 아들러의 가르침』(인플루엔셜, 2013/2014).

109 잉그리트 옌켈(Ingrid Jenckel)·안겔라 보스(Angela Voss), 박강 옮김, 『못된 남자에게 끌리는 여자 사랑에 무책임한 남자』(명솔출판, 2000/2001), 95쪽.

110 필립 샌드블롬(Philip Sandblom), 박승숙 옮김, 『창조성과 고통: 위대한 예술가는 위대한 병자다』(아트북스, 1982/2003), 171쪽.

111 리처드 스텐걸(Richard Stengel), 임정근 옮김, 『아부의 기술: 전략적인 찬사, 아부에 대한 모든 것』(참솔, 2000/2006), 159~160쪽.

112 메릴린 옐롬(Marilyn Yalom)·테리사 도너번 브라운(Therasa Donovan Brown), 정지인 옮김, 『여성의 우정에 관하여: 자매애에서 동성애까지 그 친밀한 관계의 역사』(책과함께, 2015/2016), 41쪽.

113 메릴린 옐롬(Marilyn Yalom)·테리사 도너번 브라운(Therasa Donovan Brown), 정지인 옮김, 『여성의 우정에 관하여: 자매애에서 동성애까지 그 친밀한 관계의 역사』(책과함께, 2015/2016), 19쪽.

114 캐럴린 하일브런(Carolyn G. Heilbrun), 김희정 옮김, 『셰익스피어에게 누이가 있다면: 여자들에 대한 글쓰기』(여성신문사, 1988/2002), 157~158쪽.

115 메릴린 옐롬(Marilyn Yalom)·테리사 도너번 브라운(Therasa Donovan Brown), 정지인 옮김, 『여성의 우정에 관하여: 자매애에서 동성애까지 그 친밀한 관계의 역사』(책과함께, 2015/2016), 325~326쪽.

116 임귀열, 「Only trust thyself(오직 그대 자신만 믿어라)」, 『한국일보』, 2010년 8월 11일.

117 https://movie.naver.com/movie/bi/mi/point.nhn?code=16503.

118 전우영, 『내 마음도 몰라주는 당신, 이유는 내 행동에 있다』(21세기북스, 2012), 101쪽.

119 오리 브래프먼(Ori Brafman) · 롬 브래프먼(Rom Brafman), 강유리 옮김, 『스웨이: 사람의 마음을 흔드는 선택의 비밀』(리더스북, 2008/ 2009), 135~138쪽.

120 롭 워커(Rob Walker), 김미옥 옮김, 『욕망의 코드: 우리를 소비하게 만드는 '필요' 그 이상의 무엇』(비즈니스맵, 2008/2010), 204~205쪽.

121 김희정, 「심장이 두근두근~그런데 사랑이 아니라고?」, 『한겨레』, 2013년 2월 13일.

122 전우영, 『내 마음도 몰라주는 당신, 이유는 내 행동에 있다』(21세기북 스, 2012), 105쪽.

123 리처드 와이즈먼(Richard Wiseman), 박세연 옮김, 『립잇업: 멋진 결과를 만드는 작은 행동들』(웅진지식하우스, 2012/2013), 95, 99쪽.

124 박완서 외, 『평생 간직하고픈 글』(북카라반, 2017), 17쪽.

125 파비엔 카스타-로자(Fabienne Casta-Rosaz), 박규현 옮김, 『연애, 그 유혹과 욕망의 사회사』(수수꽃다리, 2000/2003), 335쪽.

126 미하엘 코르트(Michael Korth), 권세훈 옮김, 『광기에 관한 잡학사전』 (을유문화사, 2003/2009), 107~111쪽.

127 지그문트 프로이트(Sigmund Freud), 김석희 옮김, 『문명 속의 불만』 (열린책들, 1929/1997), 105쪽.

128 피터 싱어(Peter Singer), 정연교 옮김, 『이렇게 살아가도 괜찮은가』 (세종서적, 1995/1996), 39~40쪽.

129 조르디 쿠아드박(Jordi Quoidbach), 박효은 옮김, 『행복한 사람들 은 무엇이 다른가: 행복을 결정짓는 작은 차이』(북로드, 2010/2014), 173~175쪽.

130 엘리자베스 루즈(Elizabeth Rouse), 이재한 옮김, 『코르셋에서 펑크 까지: 현대사회와 패션』(시지락, 1989/2003), 281쪽.

131 정희진, 『페미니즘의 도전: 한국 사회 일상의 성정치학』(교양인, 2005), 95쪽.

132 엄기호, 『단속사회: 쉴 새 없이 접속하고 끊임없이 차단한다』(창비, 2014), 117쪽.

133 리처드 스텐걸(Richard Stengel), 임정근 옮김, 『아부의 기술: 전략적인 찬사, 아부에 대한 모든 것』(참솔, 2000/2006), 255~256쪽.

134 대럴 웨스트(Darrell M. West), 홍지수 옮김, 『부자들은 왜 그리고 어떻게 민주주의를 사랑하는가』(원더박스, 2014/2016), 44쪽.

135 미하엘 코르트(Michael Korth), 권세훈 옮김, 『광기에 관한 잡학사전』(을유문화사, 2003/2009), 302~303쪽.

136 에리히 프롬(Erich Fromm), 황문수 옮김, 『사랑의 기술』(문예출판사, 1956/1997), 102~103쪽.

137 캐럴린 하일브런(Carolyn G. Heilbrun), 김희정 옮김, 『셰익스피어에게 누이가 있다면: 여자들에 대한 글쓰기』(여성신문사, 1988/2002), 140~141쪽.

138 오윤희, 「서로 간섭 안 하니 더 행복하네요…美 중장년 커플 '따로 함께 살기'」, 『조선일보』, 2019년 7월 31일, A23면.

139 요한 갈퉁(Johan Galtung)·소하일 이나야툴라(Sohail Inayatullah) 편저, 노영숙 옮김, 『거시사의 세계: 미래를 보는 눈』(우물이있는집, 2005), 164쪽.

140 제임스 트위첼(James B. Twitchell), 최기철 옮김, 『럭셔리 신드롬: 사치의 대중화, 소비의 마지막 선택』(미래의창, 2002/2003), 54쪽.

141 임귀열, 「Money and Women」, 『한국일보』, 2014년 9월 10일.

142 마이클 마멋(Michael Marmot), 김승진 옮김, 『건강 격차: 평등한 사회에서는 가난해도 병들지 않는다』(동녘, 2015/2017), 138쪽.

143 M. 허시 골드버그(M. Hirsh Goldberg), 이진수 옮김, 『탐욕에 관한 진실』(중앙M&B, 1994/1997), 189쪽.

144 버트런드 러셀(Bertrand Russell), 송은경 옮김, 『인간과 그밖의 것들』(오늘의책, 1975/2005), 244쪽.

145 임귀열, 「Money and Women」, 『한국일보』, 2014년 9월 10일.

146 마이클 샌델(Michael J. Sandel), 안기순 옮김, 『돈으로 살 수 없는 것들: 무엇이 가치를 결정하는가』(와이즈베리, 2012), 19쪽.

147 미키 맥기(Micki McGee), 김상화 옮김, 『자기계발의 덫』(모요사, 2005/2011), 169쪽.

148 에드워드 데시(Edward L. Deci)·리처드 플래스트(Richard Flaste), 이상원 옮김, 『마음의 작동법: 무엇이 당신을 움직이는가』(에코의서재, 1995/2011), 177쪽.

149 박주연, 「아이들도 "돈, 돈, 돈"…불행을 낳는 물질 만능」, 『경향신문』, 2013년 2월 16일.

150 곽희양, 「고교생 44% "10억 주면 감옥 1년 간다"」, 『경향신문』, 2013년 1월 7일.

151 최민우, 「청춘, 얼마면 되니? 대학생 2명 중 1명 10억 주면 감옥 간다」, 『국민일보』, 2018년 4월 24일.

152 「알고 보니 잘못 알려진 유명인들의 명언」, 『중앙일보』, 2020년 1월 30일.

153 안은주, 「"정신노동자 정신은 검진 대상"」, 『시사저널』, 2005년 8월 5일.

154 조지 베일런트(George E. Vaillant), 이덕남 옮김, 『행복의 조건』(프런티어, 2002/2010), 263쪽.

155 마이클 마멋(Michael Marmot), 김보영 옮김, 『사회적 지위가 건강과 수명을 결정한다』(에코리브르, 2004/2006), 13쪽.

156 마이클 마멋(Michael Marmot), 김보영 옮김, 『사회적 지위가 건강과 수명을 결정한다』(에코리브르, 2004/2006), 353쪽.

157 마이클 마멋(Michael Marmot), 김승진 옮김, 『건강 격차: 평등한 사회에서는 가난해도 병들지 않는다』(동녘, 2015/2017), 91~92쪽.

158 권세원, 「출신 대학별로 드러난 건강 격차」, 『한겨레』, 2013년 12월 4일; 강준만, 「왜 권력을 누리던 사람이 권력을 잃으면 일찍 죽는가?: 지위

신드롬」, 『우리는 왜 이렇게 사는 걸까?: 세상을 꿰뚫는 50가지 이론
2』(인물과사상사, 2014), 117~121쪽 참고.

159  헬렌 피셔(Helen E. Fisher), 정명진 옮김, 『제1의 성』(생각의나무,
1999/2000), 214쪽.

160  조르디 쿠아드박(Jordi Quoidbach), 박효은 옮김, 『행복한 사람들
은 무엇이 다른가: 행복을 결정짓는 작은 차이』(북로드, 2010/2014),
119~124쪽.

161  정희진, 「병이 없기를 바라지 마라」, 『경향신문』, 2019년 12월 25일, 25면.

162  미하엘 코르트(Michael Korth), 권세훈 옮김, 『광기에 관한 잡학사전』
(을유문화사, 2003/2009), 494쪽.

163  존 B. 베리(John Bagnell Bury), 박홍규 옮김, 『사상의 자유의 역사』
(바오, 1914/2006), 77쪽.

164  페르낭 브로델(Fernand Braudel), 주경철 옮김, 『물질문명과 자본주
의 I-1: 일상생활의 구조(上)』(까치, 1979/1995), 107쪽.

165  재러드 다이아몬드(Jared Diamond), 김진준 옮김, 『총·균·쇠: 무
기·병균·금속은 인류의 운명을 어떻게 바꿨는가』(문학사상사, 1997
/1998), 287~288쪽.

166  대니얼 솔로브(Daniel J. Solove), 이승훈 옮김, 『인터넷 세상과 평판
의 미래』(비즈니스맵, 2007/2008), 137쪽.

167  Susan Sontag, 『Illness as Metaphor』(New York: Farrar, Straus
and Giroux, 1978), pp.82~85.

168  크리스토프 앙드레(Christophe André), 이세진 옮김, 『나답게 살아갈
용기』(더퀘스트, 2010/2014), 100쪽.

169  벨 훅스(Bell Hooks), 이영기 옮김, 『올 어바웃 러브』(책읽는수요일,
2000/2012), 247쪽.

170  리처드 칼슨(Richard Carlson), 이창식 옮김, 『행복에 목숨 걸지 마
라: 지금 당장 버리면 행복해지는 사소한 것들』(한국경제신문, 2002/

2010), 131~132쪽.

171 데보라 G. 펠더(Deborah G. Felder), 송정희 옮김, 『세계사를 바꾼 여
성들』(에디터, 1996/1998), 61~64쪽.

172 조지프 브리스토(Joseph Bristow), 이연정·공선희 옮김, 『섹슈얼리
티』(한나래, 1997/2000), 53쪽.

173 토머스 대븐포트(Thomas H. Davenport)·브룩 맨빌(Brook
Manville), 김옥경 옮김, 『최선의 결정은 어떻게 내려지는가』(프리뷰,
2012), 59쪽.

174 데이비드 브룩스(David Brooks), 김희정 옮김, 『인간의 품격: 삶은
성공이 아닌 성장의 이야기다』(부키, 2015), 31쪽.

175 데이비드 브룩스(David Brooks), 김희정 옮김, 『인간의 품격: 삶은
성공이 아닌 성장의 이야기다』(부키, 2015), 366쪽.

176 존 킨(John Keane), 양현수 옮김, 『민주주의의 삶과 죽음: 대의민주
주의에서 파수꾼 민주주의로』(교양인, 2009/2017), 1065~1066쪽.

177 김학순, 「"나는 아직 미숙하다"」, 『경향신문』, 2004년 10월 13일, 31면.

178 만프레트 가이어(Manfred Geier), 이재성 옮김, 『웃음의 철학: 서양
철학사 속 웃음의 계보학』(글항아리, 2006/2018), 22, 25쪽.

179 최규민, 「"웃음은 지적 반응 아닌 생존 위한 본능적 수단"」, 『조선일보』,
2007년 3월 14일, A20면.

180 Daniel Goleman, 『Social Intelligence: The News Science of
Human Relationships』(New York: Bantum Books, 2006), p.45.

181 대커 켈트너(Dacher Keltner), 하윤숙 옮김, 『선의 탄생』(옥당, 2009
/2011), 226쪽.

182 마리안 라프랑스(Marianne LaFrance), 윤영삼 옮김, 『웃음의 심리
학: 표정 속에 감춰진 관계의 비밀』(중앙북스, 2012), 270~271, 289쪽.

183 마리안 라프랑스(Marianne LaFrance), 윤영삼 옮김, 『웃음의 심리학:
표정 속에 감춰진 관계의 비밀』(중앙북스, 2012), 288~289쪽.

184 마리안 라프랑스(Marianne LaFrance), 윤영삼 옮김,『웃음의 심리학: 표정 속에 감춰진 관계의 비밀』(중앙북스, 2011/2012), 289쪽.

185 이규태,『한국인의 정서구조 1: 해학과 눈물의 한국인』(신원문화사, 1994), 207쪽.

186 마리안 라프랑스(Marianne LaFrance), 윤영삼 옮김,『웃음의 심리학: 표정 속에 감춰진 관계의 비밀』(중앙북스, 2011/2012), 4쪽.

187 임귀열,「Quotes about Laughter(웃음의 명언)」,『한국일보』, 2012년 5월 30일.

188 만프레트 가이어(Manfred Geier), 이재성 옮김,『웃음의 철학: 서양 철학사 속 웃음의 계보학』(글항아리, 2006/2018), 7쪽.

189 샘 혼(Sam Horn), 이상원 옮김,『사람들은 왜 그 한마디에 꽂히는가』(갈매나무, 2015), 97쪽.

190 윌리엄 진서(William Zinsser), 이한중 옮김,『글쓰기 생각쓰기』(돌베개, 2006/2007), 183쪽.

191 윌리엄 진서(William Zinsser), 이한중 옮김,『글쓰기 생각쓰기』(돌베개, 2006/2007), 176~177쪽.

192 정양환,「남녀 '웃음 코드' 다르다」,『동아일보』, 2006년 1월 13일, 1~2면.

193 아리아나 허핑턴(Arianna Huffington), 이현주 옮김,『담대하라, 나는 자유다』(해냄, 2006/2012), 62쪽.

194 테일러 클락(Taylor Clark), 문희경 옮김,『너브: 두려움을 이기는 강심장의 비밀』(한국경제신문, 2011/2013), 148쪽.

195 테일러 클락(Taylor Clark), 문희경 옮김,『너브: 두려움을 이기는 강심장의 비밀』(한국경제신문, 2011/2013), 148~149쪽.

196 샘 혼(Sam Horn), 이상원 옮김,『사람들은 왜 그 한마디에 꽂히는가』(갈매나무, 2015), 98쪽.

197 임귀열,「Damn It is not his last name(댐잇은 신의 성이 아니다)」,『한국일보』, 2011년 6월 22일.

198 진중언, 「나쁜 시스템 놔둔 채 '나쁜 놈'에만 분노…같은 사고 반복되는 한국」, 『조선일보』, 2019년 12월 27일, A33면.

199 이동진 편역, 『세계의 명언 1』(해누리, 2007), 941쪽.

200 데이비드 베너타(David Benatar), 이한 옮김, 『태어나지 않는 것이 낫다: 존재하게 되는 것의 해악』(서광사, 2006/2019), 134쪽.

201 존 듀이(John Dewey), 이유선 옮김, 『철학의 재구성』(아카넷, 1920/2010), 204쪽.

202 로버트 멘셜(Robert Menschel), 강수정 옮김, 『시장의 유혹, 광기의 덫』(에코리브르, 2002/2005), 73쪽.

203 로버트 멘셜(Robert Menschel), 강수정 옮김, 『시장의 유혹, 광기의 덫』(에코리브르, 2002/2005), 73쪽.

204 줄리 노럼(Julie K. Norem), 임소연 옮김, 『걱정 많은 사람들이 잘되는 이유』(한국경제신문, 2001/2015), 62쪽.

205 박미선, 「로렌 벌랜트: "잔인한 낙관주의"와 신자유주의 시대의 감정」, 『여/성이론』, 33권(2015년 12월), 99~125쪽; 마리 루티(Mari Ruti), 김명주 옮김, 『나는 과학이 말하는 성차별이 불편합니다: 진화심리학이 퍼뜨리는 젠더 불평등』(동녘사이언스, 2015/2017), 237쪽.

206 요르겐 랜더스(Jorgen Randers), 김태훈 옮김, 『더 나은 미래는 쉽게 오지 않는다: 성장이 멈춘 세계, 나와 내 아이는 어떤 하루를 살고 있을까』(생각연구소, 2012/2013), 46쪽.

207 마틴 셀리그먼(Martin E. P. Seligman), 우문식·최호영 옮김, 『낙관성 학습』(물푸레, 2006/2012), 201쪽.

208 이진, 「장미를 호박이라 부르면 실제 장미 향기 덜 느껴져」, 『동아일보』, 2005년 9월 28일, A20면.

209 Joseph A. DeVito, 『The Interpersonal Communication Book』 3rd ed. (New York: Harper & Row, 1983), p.161.

210 데이비드 브룩스(David Brooks), 이경식 옮김, 『소셜 애니멀: 사랑

과 성공, 성격을 결정짓는 관계의 비밀』(흐름출판, 2011), 313쪽.

211 김용희, 「세상을 바꾼 '개명 허용 판결'」, 『동아일보』, 2005년 11월 26일, 31면.

212 데일 카네기(Dale Carnegie), 베스트트랜스 옮김, 『데일 카네기의 인간관계론』(더클래식, 1936/2010), 107~109쪽.

213 John C. "Doc" Bahnsen, 「Charisma」, Christopher Kolenda, ed., 『Leadership: The Warrior's Art』, 2nd ed.(Carlisle, PA: The Army Way College Foundation Press, 2001), p.270.

214 Alexander Cockburn, 「Reagan: After Nearly Four Years Many Questions Remain」, 『Nation』, 15 September, 1984, pp.198~99; 강준만, 『정치는 쇼비즈니스다』(인물과사상사, 1998), 110~111쪽.

215 Max Cryer, 『Common Phrases』(New York: Skyhorse, 2010), pp.43~44.

216 Georgia Hole, 『The Real McCoy: The True Stories Behind Our Everyday Phrases』(New York: Oxford University Press, 2005), p.26; 이유식, 「The Buck Stops Here」, 『한국일보』, 2009년 1월 14일; 임귀열, 「The buck stops here」, 『한국일보』, 2009년 12월 30일.

217 레베카 코스타(Rebecca Costa), 장세현 옮김, 『지금, 경계선에서: 오래된 믿음에 대한 낯선 성찰』(쌤앤파커스, 2010/2011), 150~151쪽.

218 크리스토퍼 헤이스(Christopher Hayes), 한진영 옮김, 『똑똑함의 숭배: 엘리트주의는 어떻게 사회를 실패로 이끄는가』(갈라파고스, 2013/2017), 107, 161~162쪽.

219 바버라 에런라이크(Barbara Ehrenreich), 전미영 옮김, 『희망의 배신: 화이트칼라의 꿈은 어떻게 무너지고 있는가』(부키, 2006/2012), 107쪽.

220 주경철, 『테이레시아스의 역사』(산처럼, 2002), 193쪽.

221 앨리스터 맥알핀(Alistair McAlpine), 이기문·원용득 옮김, 『기업군주론』(FKI미디어, 1997/2000), 83쪽.

222 정도언, 『프로이트의 의자: 숨겨진 나와 마주하는 정신분석 이야기』(인플루엔셜, 2016), 216쪽.

223 아르투어 쇼펜하우어(Arthur Schopenhauer), 이동진 옮김, 『사랑은 없다: 쇼펜하우어 인생론 에세이』(해누리, 2004), 233쪽.

224 마이클 매컬러프(Michael McCullough), 김정희 옮김, 『복수의 심리학』(살림, 2008/2009), 25쪽.

225 바버라 베르크한(Barbara Berckhan), 박희연 옮김, 『화나면 흥분하는 사람 화날수록 침착한 사람』(청림출판, 1998/2001), 184~185쪽.

226 마이클 매컬러프(Michael McCullough), 김정희 옮김, 『복수의 심리학』(살림, 2008/2009), 24쪽.

227 마이클 매컬러프(Michael McCullough), 김정희 옮김, 『복수의 심리학』(살림, 2008/2009), 23~26쪽.

228 조지프 히스(Joseph Heath), 김승진 옮김, 『계몽주의 2.0: 감정의 정치를 어떻게 바꿀 것인가』(이마, 2014/2017), 321쪽.

229 김용석, 『두 글자의 철학: 혼합의 시대를 즐기는 인간의 조건』(푸른숲, 2005), 171쪽; 안상헌, 『내 삶을 만들어준 명언 노트』(랜덤하우스중앙, 2005), 26쪽.

230 마이클 매컬러프(Michael McCullough), 김정희 옮김, 『복수의 심리학』(살림, 2008/2009), 179쪽.

231 정호승, 『밥값』(창비, 2010).

232 스티븐 체리(Stephen Cherry), 송연수 옮김, 『용서라는 고통』(황소자리, 2013), 200쪽.

233 김영민, 『산책과 자본주의』(늘봄, 2007), 158~159쪽.

234 정희진, 「용서?」, 『한겨레』, 2016년 11월 5일.

235 리처드 칼슨(Richard Carlson), 이창식 옮김, 『행복에 목숨 걸지 마라:

지금 당장 버리면 행복해지는 사소한 것들』(한국경제신문, 2002/2010), 179~182쪽.

236 스티븐 체리(Stephen Cherry), 송연수 옮김,『용서라는 고통』(황소자리, 2013/2013), 27쪽.

237 오병상,「작가 한수산씨: "믿음의 글쓰기로 제2의 인생 출발"」,『중앙일보』, 2000년 9월 8일, 13면; 배문성,「"고문의 악몽…결국 나를 위해 그들을 용서했다"」,『문화일보』, 2000년 8월 4일, 17면.

238 지그문트 바우만(Zyugmunt Bauman)·레오니다스 돈스키스(Leonidas Donskis), 최호영 옮김,『도덕적 불감증』(책읽는수요일, 2013/2015), 364~366쪽.

239 미셸 투르니에(Michel Tournier), 김정란 옮김,『상상력을 자극하는 시간』(예담, 1994/2011), 24~25쪽.

240 지그문트 바우만(Zyugmunt Bauman)·레오니다스 돈스키스(Leonidas Donskis), 최호영 옮김,『도덕적 불감증』(책읽는수요일, 2013/2015), 371쪽.

241 조너선 색스(Jonathan Sacks), 임재서 옮김,『차이의 존중: 문명의 충돌을 넘어서』(말글빛냄, 2002/2007), 63쪽.

242 폴 에얼릭(Paul R. Ehrlich)·로버트 온스타인(Robert Ornstein), 고기탁 옮김,『공감의 진화: '우리' 대 '타인'을 넘어선 공감의 진화인류학』(에이도스, 2010/2012), 141쪽.

243 크리스토퍼 헤이스(Christopher Hayes), 한진영 옮김,『똑똑함의 숭배: 엘리트주의는 어떻게 사회를 실패로 이끄는가』(갈라파고스, 2013/2017), 290쪽.

244 조지 레이코프(George Lakoff), 나익주 옮김,『폴리티컬 마인드: 21세기 정치는 왜 이성과 합리성으로 이해할 수 없을까?』(한울아카데미, 2008/2012), 153, 158쪽.

245 폴 블룸(Paul Bloom), 이은진 옮김,『공감의 배신: 아직도 공감이 선

하다고 믿는 당신에게』(시공사, 2016/2019), 172쪽.

246 폴 블룸(Paul Bloom), 이은진 옮김, 『공감의 배신: 아직도 공감이 선하다고 믿는 당신에게』(시공사, 2016/2019), 24~25쪽.

247 재키 마슨(Jacqui Marson), 정영은 옮김, 『모두에게 사랑받을 필요는 없다: 타인의 기대에서 벗어나 당당하게 'No'하고 우아하게 거절하는 법』(윌컴퍼니, 2013/2014), 228~229쪽.

248 김선하, 「마사이족 때문에 사자 씨가 마른다: 용기 뽐내려 사냥」, 『중앙일보』, 2006년 5월 31일, 12면.

249 구정은, 「"신이 보호" 사자 우리 들어갔다가 물려 죽어」, 『문화일보』, 2006년 6월 8일, 22면.

250 브레네 브라운(Brené Brown), 서현정 옮김, 『나는 왜 내 편이 아닌가: 나를 괴롭히는 완벽주의 신화로부터 자유로워지는 법』(북하이브, 2007/2012), 24쪽.

251 애덤 샌델(Adam A. Sandel), 이재석 옮김, 『편견이란 무엇인가』(와이즈베리, 2014/2015), 335~336쪽.

252 프란츠 부케티츠(Franz M. Wuketits), 이덕임 옮김, 『겁쟁이가 세상을 지배한다: 다윈의 자연선택론과 적자생존의 비밀』(이가서, 2008/2011), 171쪽.

253 프란츠 부케티츠(Franz M. Wuketits), 이덕임 옮김, 『겁쟁이가 세상을 지배한다: 다윈의 자연선택론과 적자생존의 비밀』(이가서, 2008/2011), 25쪽.

254 A. C. 그레일링(A. C. Grayling), 남경태 옮김, 『미덕과 악덕에 관한 철학사전』(에코의서재, 2001/2006), 39쪽.

255 엘리엇 코언(Elliot A. Cohen), 이진우 옮김, 『최고사령부: 전쟁을 승리로 이끈 위대한 정치지도자의 리더십』(가산출판사, 2002), 364쪽.

256 아리아나 허핑턴(Arianna Huffington), 이현주 옮김, 『담대하라, 나는 자유다』(해냄, 2006/2012), 101쪽.

257 톰 켈리(Tom Kelley)·데이비드 켈리(David Kelley), 박종성 옮김, 『유쾌한 크리에이티브: 어떻게 창조적 자신감을 이끌어낼 것인가』(청림출판, 2013/2014), 92쪽.

258 니르 이얄(Nir Eyal)·라이언 후버(Ryan Hoover), 조지현 옮김, 『훅: 습관을 만드는 신상품 개발 모델』(리더스북, 2013/2014), 61쪽.

259 아리아나 허핑턴(Ariana Huffington), 강주헌 옮김, 『제3의 성공』(김영사, 2014), 201쪽; 스티븐 코비(Stephen R. Covey), 김경섭·김원석 옮김, 『성공하는 사람들의 7가지 습관』(김영사, 1989/1994), 64쪽.

260 브라이언 트레이시(Brian Tracy), 서사봉 옮김, 『백만불짜리 습관』(용오름, 2004/2005), 14~15쪽.

261 찰스 두히그(Charles Duhigg), 강주헌 옮김, 『습관의 힘: 반복되는 행동이 만드는 극적인 변화』(갤리온, 2012), 10쪽; 캐럴라인 애덤스 밀러(Caroline Adams Miller) 외, 우문식·박선령 옮김, 『어떻게 인생 목표를 이룰까?: 와튼스쿨의 베스트 인생 만들기 프로그램』(물푸레, 2011/2012), 230쪽.

262 리처드 칼슨(Richard Calson), 강정 옮김, 『사소한 것에 목숨 걸지 마라: 습관 바꾸기 편』(도솔, 1997/2004), 10쪽.

263 맥스웰 몰츠(Maxwell Maltz), 공병호 옮김, 『맥스웰 몰츠 성공의 법칙』(비즈니스북스, 2002/2010), 234~235쪽; 강준만, 『습관의 문법: 세상을 꿰뚫는 이론 7』(인물과사상사, 2019) 참고.

264 니르 이얄(Nir Eyal)·라이언 후버(Ryan Hoover), 조지현 옮김, 『훅: 습관을 만드는 신상품 개발 모델』(리더스북, 2013/2014), 225쪽.

265 제임스 보그(James Borg), 정향 옮김, 『마음의 힘: 생각의 습관을 바꾸는 마인드 파워 트레이닝』(한스미디어, 2010/2011), 60쪽.

266 제임스 클리어(James Clear), 이한이 옮김, 『아주 작은 습관의 힘: 최고의 변화는 어떻게 만들어지는가』(비즈니스북스, 2018/2019), 41쪽.

267 스티븐 코비(Stephen R. Covey), 김경섭 옮김, 『성공하는 사람들의

8번째 습관』(김영사, 2004/2005), 181쪽.

268 임귀열, 「Life has a cause(인생은 인과응보의 필연)」, 『한국일보』,
2011년 3월 2일.

269 난 멜링거(Nan Mellinger), 임진숙 옮김, 『고기: 욕망의 근원과 변화』
(해바라기, 2000/2002), 40쪽.

270 샘 혼(Sam Horn), 이상원 옮김, 『사람들은 왜 그 한마디에 꽂히는가』
(갈매나무, 2015), 191쪽.

271 David Cottrell, 『Listen Up, Leader!: Pay Attention, Improve,
and Guide』, 2nd ed.(Dallas, Texas: The WALK THE TALK
Co., 2000), p.25.

272 Warren G. Bennis, 『Why Leaders Can't Lead: The
Unconscious Conspiracy Continues』(San Francisco, CA:
Jossey-Bass Publishers, 1989), p.150.

273 스펜서 존슨(Spencer Johnson), 이영진 옮김, 『누가 내 치즈를 옮겼
을까』(진명출판사, 1998/2000), 46쪽.

274 미키 맥기(Micki McGee), 김상화 옮김, 『자기계발의 덫』(모요사,
2005/2011), 119쪽.

275 레베카 코스타(Rebecca Costa), 장세현 옮김, 『지금, 경계선에서: 오
래된 믿음에 대한 낯선 성찰』(쌤앤파커스, 2010/2011), 140~141쪽.

276 엘렌 랭어(Ellen J. Langer), 이양원 옮김, 『마음챙김: 마음이 삶을 어
디까지 바꿀 수 있는가』(더퀘스트, 2014/2015), 106쪽.

277 임귀열, 「Think long, think wrong(장고 끝에 악수)」, 『한국일보』,
2015년 4월 8일.

278 제임스 보그(James Borg), 정향 옮김, 『마음의 힘: 생각의 습관을 바꾸
는 마인드 파워 트레이닝』(한스미디어, 2010/2011), 19쪽.

279 클라우드 브리스톨(Claude M. Bristol), 이학수 옮김, 『신념의 마력』(아
름다운사회, 1948/2004), 28쪽; 브라이언 트레이시(Brian Tracy),

허선영 옮김, 『겟 스마트: 생각하고 행동하는 최단거리형 노력의 힘』 (빈티지하우스, 2017), 206쪽.

280 웨인 다이어(Wayne W. Dyer), 박상은 옮김, 『오래된 나를 떠나라: 옛 습관과의 이별』(21세기북스, 2009), 28쪽.

281 허버트 알철(J. Herbert Altschull), 양승목 옮김, 『현대언론사상사: 밀턴에서 맥루한까지』(나남, 1990/1993), 160쪽.

282 윌리엄 너스(William Knaus), 이상원 옮김, 『심리학, 미루는 습관을 바꾸다』(갈매나무, 2010/2013), 84쪽.

283 김용석, 「글쓰기의 황홀과 고통 그리고 보람」, 한국출판마케팅연구소, 『글쓰기의 힘: 디지털 시대의 생존 전략』(한국출판마케팅연구소, 2005), 45쪽; 짐 콜린스(Jim Collins), 이무열 옮김, 『좋은 기업을 넘어 위대한 기업으로』(김영사, 2001/2002), 237쪽.

284 Peggy Anderson, ed., 『Great Quotes from Great Leaders』 (Franklin Lakes, NJ: Career Press, 1997), p.12.

285 토드 부크홀츠(Todd G. Buchholz), 장석훈 옮김, 『러쉬!: 우리는 왜 도전과 경쟁을 즐기는가』(청림출판, 2011/2012), 227쪽; 대니얼 액스트(Daniel Akst), 구계원 옮김, 『자기절제사회: 유혹과잉시대, 어떻게 욕망에 대항할 것인가』(민음사, 2011/2013), 369쪽; 아리아나 허핑턴(Ariana Huffington), 강주헌 옮김, 『제3의 성공』(김영사, 2014), 199쪽.

286 프랭클린 포어(Franklin Foer), 이승연·박상현 옮김, 『생각을 빼앗긴 세계: 거대 테크 기업들은 어떻게 우리의 생각을 조종하는가』(반비, 2017/2019), 61~62쪽.

287 제임스 보그(James Borg), 정향 옮김, 『마음의 힘: 생각의 습관을 바꾸는 마인드 파워 트레이닝』(한스미디어, 2010/2011), 75쪽.

288 미하엘 코르트(Michael Korth), 권세훈 옮김, 『광기에 관한 잡학사전』 (을유문화사, 2003/2009), 348~349쪽.

289 테오도르 젤딘(Theodore Zeldin), 김태우 옮김, 『인간의 내밀한 역사』 (강, 1994/1999), 243쪽; 롤프 하우블(Rolf Haubl), 이미옥 옮김, 『시기심: '나'는 시기하지 않는다』(에코리브르, 2001/2002), 89쪽.

290 테오도르 젤딘(Theodore Zeldin), 김태우 옮김, 『인간의 내밀한 역사』(강, 1994/1999), 243~244쪽.

291 정재승, 「호기심을 거세하는 교육에 희망은 없다」, 『중앙선데이』, 2019년 6월 15일, 31면.

292 애덤 그랜트(Adam Grant), 홍지수 옮김, 『오리지널스: 어떻게 순응하지 않는 사람들이 세상을 움직이는가』(한국경제신문, 2016), 28~31쪽.

293 토머스 길로비치(Thomas Gilovich), 이양원·장근영 옮김, 『인간 그 속기 쉬운 동물: 미신과 속설은 어떻게 생기나』(모멘토, 1991/2008), 224쪽.

294 조승연, 『비즈니스 인문학』(김영사, 2015), 107쪽.

295 앨리스 플래허티(Alice W. Flaherty), 박영원 옮김, 『하이퍼그라피아: 위대한 작가들의 창조적 열병』(휘슬러, 2004/2006), 80~81쪽.

296 로버트 서튼(Robert I. Sutton), 오성호 옮김, 『역발상의 법칙』(황금가지, 2002/2003), 173쪽.

297 에드 캣멀(Ed Catmull), 윤태경 옮김, 『창의성을 지휘하라: 지속가능한 창조와 혁신을 이끄는 힘』(와이즈베리, 2014), 305~306쪽.

298 톰 켈리(Tom Kelley)·데이비드 켈리(David Kelley), 박종성 옮김, 『유쾌한 크리에이티브: 어떻게 창조적 자신감을 이끌어낼 것인가』(청림출판, 2013/2014), 81쪽.

299 톰 켈리(Tom Kelley)·데이비드 켈리(David Kelley), 박종성 옮김, 『유쾌한 크리에이티브: 어떻게 창조적 자신감을 이끌어낼 것인가』(청림출판, 2013/2014), 81~82쪽.

300 루 해리(Lou Harry), 고두현 옮김, 『크리에이티브 블록』(토드, 2005/2013), 53쪽.

301 리드 호프먼(Reid Hoffman)·벤 카스노카(Ben Casnocha), 차백

만 옮김, 『연결하는 인간: 그들은 왜 공유와 경쟁을 즐기는가』(알에이치코리아, 2012/2015), 227쪽.

302 임귀열, 「Discourse Rule vs. Grammar(화법과 어법)」, 『한국일보』, 2012년 9월 24일.

303 임귀열, 「Semantic Conversation: Women's Language (여자의 표현법)」, 『한국일보』, 2012년 5월 29일.

304 샘 혼(Sam Horn), 이상원 옮김, 『적을 만들지 않는 대화법』(갈매나무, 1996/2008), 225쪽.

305 대니얼 솔로브(Daniel J. Solove), 김승진 옮김, 『숨길 수 있는 권리』(동아시아, 2011/2016), 41~42쪽.

306 헬렌 피셔(Helen E. Fisher), 정명진 옮김, 『제1의 성』(생각의나무, 1999/2000), 350쪽; 임귀열, 「All for one, one for all(국민은 국가를 위해 국가는 국민을 위해)」, 『한국일보』, 2014년 9월 3일.

307 줄리 노럼(Julie K. Norem), 임소연 옮김, 『걱정 많은 사람들이 잘되는 이유』(한국경제신문, 2001/2015), 62쪽.

308 존 캐스티(John L. Casti), 이현주 옮김, 『대중의 직관』(반비, 2010/2012), 46쪽.

309 김지혜, 『선량한 차별주의자』(창비, 2019), 5~6쪽.

310 올리버 예게스(Oliver Jeges), 강희진 옮김, 『결정장애 세대: 기회의 홍수 속에서 길을 잃은 사람들』(미래의창, 2014).

311 올리버 예게스(Oliver Jeges), 강희진 옮김, 『결정장애 세대: 기회의 홍수 속에서 길을 잃은 사람들』(미래의창, 2014), 17쪽.

312 Alvin Toffler, 『Future Shock』(New York: Bantam Books, 1970), pp. 263~283.

313 앨빈 토플러(Alvin Toffler)·하이디 토플러(Heidi Toffler), 김원호 옮김, 『정치는 어떻게 이동하는가』(청림출판, 1994/2013), 198~205쪽.

314 이철희, 「동물 국회와 패스트트랙」, 『월간 인물과사상』, 제254호(2019년

6월), 133~134, 140쪽.

315 김헌식, 『의외의 선택, 뜻밖의 심리학』(위즈덤하우스, 2010), 280쪽;
「Decidophobia」, 『Wikipedia』.

316 올리버 예게스(Oliver Jeges), 강희진 옮김, 『결정장애 세대: 기회의
홍수 속에서 길을 잃은 사람들』(미래의창, 2014), 15쪽.

317 브레네 브라운(Brené Brown), 최원규 옮김, 『완벽을 강요하는 세상
의 틀에 대담하게 맞서기』(명진출판, 2012/2013), 36쪽.

318 허버트 알철(J. Herbert Altschull), 양승목 옮김, 『현대언론사상사:
밀턴에서 맥루한까지』(나남, 1990/1993), 160쪽.

319 허버트 알철(J. Herbert Altschull), 양승목 옮김, 『현대언론사상사:
밀턴에서 맥루한까지』(나남, 1990/1993), 290쪽.

320 로버트 멘셜(Robert Menschel), 강수정 옮김, 『시장의 유혹, 광기의
덫』(에코리브르, 2002/2005), 208쪽.

321 Saul D. Alinsky, 『Rules for Radicals: A Pragmatic Primer for
Realistic Radicals』(New York: Vintage Books, 1971/1989),
p.24; 솔 D. 알린스키, 박순성·박지우 옮김, 『급진주의자를 위한 규
칙: 현실적 급진주의자를 위한 실천적 입문서』(아르케, 1971/2008),
66쪽.

322 샘 혼(Sam Horn), 이상원 옮김, 『사람들은 왜 그 한마디에 꽂히는가』
(갈매나무, 2015), 212쪽.

323 톰 켈리(Tom Kelley)·데이비드 켈리(David Kelley), 박종성 옮김,
『유쾌한 크리에이티브: 어떻게 창조적 자신감을 이끌어낼 것인가』(청
림출판, 2013/2014), 167쪽.

324 샘 혼(Sam Horn), 이상원 옮김, 『사람들은 왜 그 한마디에 꽂히는가』
(갈매나무, 2015), 188쪽.

325 토머스 차모로-프레무지크(Tomas Chamorro-Premuzic), 이현정
옮김, 『위험한 자신감: 현실을 왜곡하는 아찔한 습관』(더퀘스트, 2013

/2014), 101쪽.

326 안상헌, 『내 삶을 만들어준 명언 노트』(랜덤하우스중앙, 2005), 210쪽.

327 윤형준, 「무엇이든 일단 행동에 나서라: '리더처럼 행동하고…' 저자 佛 INSEAD 아이바라 교수」, 『조선일보』, 2015년 7월 4일.

328 리처드 윌킨슨(Richard G. Wilkinson), 김홍수영 옮김, 『평등해야 건 강하다: 불평등은 어떻게 사회를 병들게 하는가?』(후마니타스, 2005 /2008), 214~215쪽.

329 권수영, 「갈등 관계, 끊지 말고 풀어야 하는 이유」, 『경향신문』, 2020년 1월 11일, 22면.

330 Eric Boehlert, 『Lapdogs: How the Press Rolled Over for Bush』 (New York: Free Press, 2006), p.9.

331 강준만, 「왜 사람들은 대부분 자신이 운전을 잘한다고 생각할까?: 과 신 오류」, 『감정 독재: 세상을 꿰뚫는 50가지 이론 1』(인물과사상사, 2013), 193~198쪽 참고.

332 바버라 패치터(Barbara Pachter), 홍윤희 옮김, 『피하지 않고 단호 하게 말하는 기술』(트로이목마, 2014/2018), 27, 56~64쪽.

333 바버라 패치터(Barbara Pachter), 홍윤희 옮김, 『피하지 않고 단호 하게 말하는 기술』(트로이목마, 2014/2018), 226~240쪽.

334 재키 마슨(Jacqui Marson), 정영은 옮김, 『모두에게 사랑받을 필요 는 없다: 타인의 기대에서 벗어나 당당하게 'No'하고 우아하게 거절 하는 법』(윌컴퍼니, 2013/2014), 88쪽.

335 리처드 스웬슨(Richard A. Swenson), 정명진 옮김, 『여유』(부글북 스, 2004/2012), 195쪽.

336 조지프 히스(Joseph Heath), 김승진 옮김, 『계몽주의 2.0: 감정의 정 치를 어떻게 바꿀 것인가』(이마, 2014/2017), 377~378쪽.

337 아르투어 쇼펜하우어(Arthur Schopenhauer), 김혜령 편역, 『논쟁 에서 이기는 37가지 기술』(아미, 1996), 155~156쪽.

338 크리스 라반(Chris Ravan), 유진상 옮김, 『배려의 심리학』(스타북스, 2006), 35쪽.

339 데일 카네기(Dale Carnegie), 베스트트랜스 옮김, 『데일 카네기의 인간관계론』(더클래식, 1936/2010), 146쪽.

340 조지프 히스(Joseph Heath), 김승진 옮김, 『계몽주의 2.0: 감정의 정치를 어떻게 바꿀 것인가』(이마, 2014/2017), 377~378쪽.

341 마거릿 헤퍼넌(Margaret Heffernan), 박수성 옮김, 『사소한 결정이 회사를 바꾼다: 우리가 직장에서 말하고 질문하고 행동하는 방식에 대하여』(문학동네, 2015/2017), 23~24쪽.

342 마거릿 헤퍼넌(Margaret Heffernan), 박수성 옮김, 『사소한 결정이 회사를 바꾼다: 우리가 직장에서 말하고 질문하고 행동하는 방식에 대하여』(문학동네, 2015/2017), 14쪽.

343 대니얼 솔로브(Daniel J. Solove), 이승훈 옮김, 『인터넷 세상과 평판의 미래』(비즈니스맵, 2007/2008), 57~58쪽.

344 대니얼 솔로브(Daniel J. Solove), 이승훈 옮김, 『인터넷 세상과 평판의 미래』(비즈니스맵, 2007/2008), 64~65쪽.

345 존 휘트필드(John Whitfield), 김수안 옮김, 『무엇이 우리의 관계를 조종하는가』(생각연구소, 2012), 116쪽.

346 마셜 로젠버그(Marshall B. Rosenberg), 캐서린 한 옮김, 『비폭력 대화: 일상에서 쓰는 평화의 언어, 삶의 언어』(한국NVC센터, 2004/2013), 41, 168쪽.

347 기시미 이치로(岸見一郎)·고가 후미타케(古賀史健), 전경아 옮김, 『미움받을 용기: 자유롭고 행복한 삶을 위한 아들러의 가르침』(인플루엔셜, 2013/2014), 111쪽.

348 롤프 도벨리(Rolf Dobelli), 유영미 옮김, 『불행 피하기 기술: 영리하게 인생을 움직이는 52가지 비밀』(인플루엔셜, 2017/2018), 120, 124쪽.

349 그레고리 번스(Gregory Berns), 김정미 옮김, 『상식파괴자』(비즈니

스맵, 2008/2010), 236쪽.

350 스티븐 M. R. 코비(Stephen M. R. Covey), 김경섭·정병창 옮김, 『신뢰의 속도』(김영사, 2006/2009), 425쪽.

351 스티븐 M. R. 코비(Stephen M. R. Covey), 김경섭·정병창 옮김, 『신뢰의 속도』(김영사, 2006/2009), 417쪽.

352 대니얼 솔로브(Daniel J. Solove), 이승훈 옮김, 『인터넷 세상과 평판의 미래』(비즈니스맵, 2007/2008), 63쪽.

353 프랑수아 드 라로슈푸코(François de La Rochefoucauld), 강주헌 옮김, 『인간의 본성에 대한 풍자 511: 라로슈푸코의 잠언과 성찰』(나무생각, 2003), 70~73쪽.

354 바버라 베르크한(Barbara Berckhan), 박희연 옮김, 『화나면 흥분하는 사람 화날수록 침착한 사람』(청림출판, 1998/2001), 148~150쪽.

355 클라우스 페터 지몬(Claus Peter Simon), 장혜경 옮김, 『감정을 읽는 시간』(어크로스, 2013/2014), 198쪽.

356 이와이 도시노리(岩井俊憲), 김윤수 옮김, 『나는 더 이상 착하게만 살지 않기로 했다』(다산3.0, 2014/2015), 81쪽.

357 Marshall B. Rosenberg, 『Nonviolent Communication: A Language of Life』(Encinitas, CA: Puddle Dancer Press, 2005), pp.185~186.

358 로버트 케건(Robert Kegan)·리사 라스코 라헤이(Lisa Lakow Lahey), 김미화 옮김, 『성공하는 직장인의 7가지 언어 습관』(와이즈북, 2001/2007), 126쪽.

359 이용인, 「"당신이 세계 최고의 보스", "인터뷰 사진 대단하다" 클린턴 참모들 낯 뜨거운 아부」, 『한겨레』, 2015년 11월 2일; 김현기, 「"힐러리, 당신이 세계 최고의 보스입니다"」, 『중앙일보』, 2015년 11월 2일; 김화영, 「'세계 최고의 보스'·'환상적 만남'…"힐러리에 쓴소리 없었다"」, 『연합뉴스』, 2015년 11월 1일.

360 정시행, 「폼페이오 '아부의 기술'」, 『조선일보』, 2018년 6월 16일.

361 리처드 스텐걸(Richard Stengel), 임정근 옮김, 『아부의 기술: 전략적인 찬사, 아부에 대한 모든 것』(참솔, 2000/2006), 254, 355쪽.

362 데일 카네기(Dale Carenegie), 베스트랜스 옮김, 『데일 카네기의 인간관계론』(더클래식, 1936/2010), 55~56쪽.

363 마리안 라프랑스(Marianne LaFrance), 윤영삼 옮김, 『웃음의 심리학: 표정 속에 감춰진 관계의 비밀』(중앙북스, 2012), 40쪽; 리처드 스텐걸(Richard Stengel), 임정근 옮김, 『아부의 기술: 전략적인 찬사, 아부에 대한 모든 것』(참솔, 2000/2006), 348쪽.

364 리처드 스텐걸(Richard Stengel), 임정근 옮김, 『아부의 기술: 전략적인 찬사, 아부에 대한 모든 것』(참솔, 2000/2006), 348~350쪽.

365 리처드 스텐걸(Richard Stengel), 임정근 옮김, 『아부의 기술: 전략적인 찬사, 아부에 대한 모든 것』(참솔, 2000/2006), 361~362쪽.

366 리처드 스텐걸(Richard Stengel), 임정근 옮김, 『아부의 기술: 전략적인 찬사, 아부에 대한 모든 것』(참솔, 2000/2006), 351, 376~377쪽.

367 주디스 슈클라(Judith N. Shklar), 사공일 옮김, 『일상의 악덕』(나남, 1984/2011), 355쪽.

368 아르투어 쇼펜하우어(Arthur Schopenhauer), 이동진 옮김, 『사랑은 없다: 쇼펜하우어 인생론 에세이』(해누리, 2004), 245쪽.

369 폴 에크먼(Paul Ekman), 이민주 옮김, 『텔링 라이즈: 상대의 속마음을 간파하는 힘』(한국경제신문, 2009/2012), 235~236쪽.

370 샐리 사텔(Sally Satel)·스콧 릴리언펠트(Scott O. Lilienfeld), 제효영 옮김, 『세뇌: 무모한 신경과학의 매력적인 유혹』(생각과사람들, 2013/2014), 146, 167쪽.

371 Peggy Anderson, ed., 『Great Quotes from Great Leaders』(Franklin Lakes, NJ: Career Press, 1997), p.25.

372 토머스 프리드먼(Thomas L. Friedman), 김상철·이윤섭 옮김, 『세계

는 평평하다: 21세기 세계 흐름에 대한 통찰』(창해, 2005), 210쪽.

373 헥터 맥도널드(Hector Macdonald), 이지연 옮김, 『만들어진 진실: 우리는 어떻게 팩트를 편집하고 소비하는가』(흐름출판, 2017/2018), 389쪽.

374 모니카 비트블룸(Monika Wittblum)·산드라 뤼프케스(Sandra Lüpkes), 서유리 옮김, 『내 옆에는 왜 이상한 사람이 많을까?』(동양북스, 2013/2014), 122쪽.

375 Daniel J. Boorstin, 『The Image: A Guide to Pseudo-Events in America』(New York: Atheneum, 1964), p. 34.

376 헥터 맥도널드(Hector Macdonald), 이지연 옮김, 『만들어진 진실: 우리는 어떻게 팩트를 편집하고 소비하는가』(흐름출판, 2017/2018), 34쪽.

377 임귀열, 「Some Funny Presidential Quotes(대통령들의 어록 중에는)」, 『한국일보』, 2013년 4월 24일.

378 Jacques Ellul, trans. Konrad Kellen and Jean Lerner, 『Propaganda: The Formation of Men's Attitudes』(New York Vintage Books, 1973), p.52.

379 조현욱, 「짝퉁 명품 쓰면 거짓말 잘한다」, 『중앙일보』, 2012년 6월 12일.

380 리처드 스미스(Richard H. Smith), 이영아 옮김, 『샘통의 심리학: 타인의 고통을 즐기는 은밀한 본성에 관하여』(현암사, 2013/2015), 136~138쪽.

381 버트런드 러셀(Bertrand Russell), 송은경 옮김, 『인간과 그밖의 것들』(오늘의책, 1975/2005), 47쪽.

382 James S. Spiegel, 『Hypocrisy: Moral Fraud and Other Vices』(Grand Rapids, MI: Baker Books, 1999), pp.40~41.

383 김광기, 「위선이 위악보다 나은 사회학적 이유: 고프만, 버거, 가핑켈을 중심으로」, 『사회와이론』, 18호(2011년 5월), 128쪽.

384 Jeremy Lott, 『In Defense of Hypocrisy: Picking Sides in the War on Virtue』(New York: Nelson Current, 2006), p.10.

385 알렉산더 데만트(Alexander Demandt), 이덕임 옮김, 『시간의 탄생: 순간에서 영원으로 이어지는 시간과 문명의 역사』(북라이프, 2015/2018), 23, 47쪽.

386 스티븐 컨(Stephen Kern), 박성관 옮김, 『시간과 공간의 문화사 1880~1918)』(휴머니스트, 1983/2004), 99쪽.

387 알렉산더 데만트(Alexander Demandt), 이덕임 옮김, 『시간의 탄생: 순간에서 영원으로 이어지는 시간과 문명의 역사』(북라이프, 2015/2018), 21쪽; 이미경, 「신의 다른 이름, 시간」, 『한겨레』, 2018년 1월 12일.

388 알렉산더 데만트(Alexander Demandt), 이덕임 옮김, 『시간의 탄생: 순간에서 영원으로 이어지는 시간과 문명의 역사』(북라이프, 2015/2018), 177쪽; 정상혁, 「잘난 체하지 마라, 당신도 시간을 넘을 수 없다」, 『조선일보』, 2018년 1월 12일.

389 베르트랑 베르줄리(Bertrand Vergely), 성귀수 옮김, 『슬픈 날들의 철학』(개마고원, 2003/2007), 30~31쪽.

390 미셸 투르니에(Michel Tournier), 김화영 옮김, 『외면일기: 미셸 투르니에 산문집』(현대문학, 2002/2004), 19쪽.

391 윤희영, 「시간을 돈으로 살 수 있다면…」, 『조선일보』, 2014년 4월 24일.

392 다우베 드라이스마(Douwe Draaisma), 김승욱 옮김, 『나이 들수록 왜 시간은 빨리 흐르는가』(에코리브르, 2001/2005), 298~299쪽.

393 다우베 드라이스마(Douwe Draaisma), 김승욱 옮김, 『나이 들수록 왜 시간은 빨리 흐르는가』(에코리브르, 2001/2005), 299쪽; 강준만, 「왜 나이 들수록 시간은 빨리 흐르는가?: 시간 압축 효과」, 『우리는 왜 이렇게 사는 걸까?: 세상을 꿰뚫는 50가지 이론 2』(인물과사상사, 2014), 199~205쪽 참고.

394 알렉산더 데만트(Alexander Demandt), 이덕임 옮김, 『시간의 탄생: 순간에서 영원으로 이어지는 시간과 문명의 역사』(북라이프, 2015/2018); 이미경, 「신의 다른 이름, 시간」, 『한겨레』, 2018년 1월 12일.

395 임귀열, 「You Are As Old As You Feel(나이는 느끼기 나름)」, 『한국일보』, 2010년 11월 24일.

396 A. C. 그레일링(A. C. Grayling), 남경태 옮김, 『미덕과 악덕에 관한 철학사전』(에코의서재, 2001/2006), 260쪽.

397 최인철, 「전성기가 지났을지 모른다는 두려움」, 『중앙일보』, 2019년 7월 31일, 28면.

398 최인철, 「전성기가 지났을지 모른다는 두려움」, 『중앙일보』, 2019년 7월 31일, 28면.

399 데이비드 실즈(David Shields), 김명남 옮김, 『우리는 언젠가 죽는다』(문학동네, 2008/2010), 205쪽.

400 김소영 외, 「꼰대독립선언서…"라테 이즈 호스 지긋지긋…이제는 귀 열고 들어주세요"」, 『동아일보』, 2020년 1월 1일.

401 바버라 애버크롬비(Barbara Abercrombie), 박아람 옮김, 『작가의 시작』(책읽는수요일, 2012/2016), 58쪽.

402 데이비드 실즈(David Shields), 김명남 옮김, 『우리는 언젠가 죽는다』(문학동네, 2008/2010), 225쪽.

403 데이비드 실즈(David Shields), 김명남 옮김, 『우리는 언젠가 죽는다』(문학동네, 2008/2010), 145쪽.

404 김경, 『김훈은 김훈이고 싸이는 싸이다: 이 시대 가장 매혹적인 단독자들과의 인터뷰』(생각의나무, 2005), 21~22쪽.

405 퍼트리샤 코언(Patricia Cohen), 권혁 옮김, 『나이를 속이는 나이: 만들어진 시간, 중년에 관한 오해와 진실』(돈을새김, 2012/2014), 181쪽.

406 원용진, 「광고 속 '젊은 리얼리즘'」, 『광고심의』, 2006년 1월, 76쪽.

407 피터 싱어(Pete Singer), 정연교 옮김, 『이렇게 살아가도 괜찮은가』(세종서적, 1995/1996), 319쪽.

408 Robert W. Fuller, 『Somebodies and Nobodies: Overcoming the Abuse of Ranks』(Gabriola Island, Canada: New Society Publishers, 2003/2004), p.xix; 로버트 풀러(Robert W. Fuller), 안종설 옮김, 『신분의 종말: '특별한 자'와 '아무것도 아닌 자'의 경계를 넘어서』(열대림, 2003/2004), 13, 31쪽; 하종오, 「[Books] 신분의 종말」, 『주간한국』, 2004년 9월 15일.

409 유정식, 『경영, 과학에게 길을 묻다: 과학의 시선으로 풀어보는 경영 이야기』(위즈덤하우스, 2007), 142~143쪽.

410 오찬호, 『우리는 차별에 찬성합니다: 괴물이 된 이십대의 자화상』(개마고원, 2013), 163쪽; 강준만, 「왜 연세대엔 '카스트제도'가 생겨났을까?: 신호 이론」, 『생각의 문법: 세상을 꿰뚫는 50가지 이론 3』(인물과사상사, 2015), 300~306쪽 참고.

411 리처드 윌킨슨(Richard G. Wilkinson), 김홍수영 옮김, 『평등해야 건강하다: 불평등은 어떻게 사회를 병들게 하는가?』(후마니타스, 2005/2008), 250쪽.

412 EBS 3분 영어제작팀, 『생각하는 영어사전 ing』(인물과사상사, 2009), 206~207쪽.

413 구정은, 「"내겐 꿈이 있습니다" 킹 목사 역사적 명언 연설 초안엔 없었다」, 『경향신문』, 2013년 8월 21일.

414 진중권, 「대중의 꿈을 '사실'로 만든 허구, 사실보다 큰 영향력」, 『한국일보』, 2020년 1월 16일.

415 주디스 올로프(Judith Orloff), 이유경 옮김, 『감정의 자유: 부정적 감정에서 해방되어 인생을 바꾸는 법』(물푸레, 2011/2012), 82쪽.

416 로버트 치알디니(Robert B. Cialdini), 김경일 옮김, 『초전 설득』(21세기북스, 2016/2018), 243~244쪽.

417 이미도, 「[이미도의 무비 識道樂] [152] Dreams have no expiration date」, 『조선일보』, 2019년 12월 28일, A27면.

418 아거, 『하워드 진: 미국의 지배 이데올로기에 저항한 불복종자』(인물과사상사, 2020), 145쪽.

419 윤태웅, 「적어도 꼰대는 되지 말자!」, 『한겨레』, 2015년 2월 5일.

420 미하엘 코르트(Michael Korth), 권세훈 옮김, 『광기에 관한 잡학사전』(을유문화사, 2003/2009), 386쪽.

421 미하엘 코르트(Michael Korth), 권세훈 옮김, 『광기에 관한 잡학사전』(을유문화사, 2003/2009), 386쪽.

422 강준만, 「죽음의 문화정치학: 한국의 '장례' 커뮤니케이션에 관한 연구」, 『한국언론학보』, 제54권 5호(2010년 10월), 86~107쪽 참고.

423 「메멘토 모리」, 『위키백과』.

424 조승연, 『비즈니스 인문학』(김영사, 2015), 314~315쪽.

425 양성희, 「"젊은이들 꿈, 사회가 함께 꿔줘야 현실이 된다"」, 『중앙일보』, 2020년 1월 24일, 13면.

426 미키 맥기(Micki McGee), 김상화 옮김, 『자기계발의 덫』(모요사, 2005/2011), 233쪽.

427 미키 맥기(Micki McGee), 김상화 옮김, 『자기계발의 덫』(모요사, 2005/2011), 231쪽.

428 미키 맥기(Micki McGee), 김상화 옮김, 『자기계발의 덫』(모요사, 2005/2011), 231쪽.

429 리처드 칼슨(Richard Calson), 강정 옮김, 『사소한 것에 목숨 걸지마라: 습관 바꾸기 편』(도솔, 1997/2004), 72~73쪽.

430 William Morris & Mary Morris, 『Morris Dictionary of Word and Phrase Origins』, 2nd ed.(New York: Harper & Row, 1971), pp.439~440; 「Pandora's Box」, 『Wikipedia』.

431 제임스 보그(James Borg), 정향 옮김, 『마음의 힘: 생각의 습관을 바

꾸는 마인드 파워 트레이닝』(한스미디어, 2010/2011), 340쪽.

432 아르투어 쇼펜하우어(Arthur Schopenhauer), 이동진 옮김, 『사랑은 없다: 쇼펜하우어 인생론 에세이』(해누리, 2004), 169쪽.

433 A. C. 그레일링(A. C. Grayling), 남경태 옮김, 『미덕과 악덕에 관한 철학사전』(에코의서재, 2001/2006), 55쪽.

434 송호근, 「우리에겐 그래도 희망 유전자가 있다」, 『중앙일보』, 2016년 1월 19일.

435 우석훈·박천일, 『88만원 세대: 절망의 시대에 쓰는 희망의 경제학』(레디앙, 2007), 308~309쪽.

436 짐 콜린스(Jim Collins), 이무열 옮김, 『좋은 기업을 넘어 위대한 기업으로』(김영사, 2001/2002), 116쪽.

437 김민제, 「희망하지 않은 '희망퇴직'…설 앞둔 40대 가장 극단적 선택」, 『한겨레』, 2020년 1월 31일, 10면.

438 박민영, 「선거는 국민의 뜻을 반영하는가?」, 『월간 인물과사상』, 2008년 6월호, 56쪽.

수렁 속에서도
별은 보인다
ⓒ 강준만, 2020

초판 1쇄 2020년 5월 15일 찍음
초판 1쇄 2020년 5월 21일 펴냄

지은이 | 강준만
펴낸이 | 강준우
기획·편집 | 박상문, 박효주, 김환표
디자인 | 최진영, 홍성권
마케팅 | 이태준
관리 | 최수향
인쇄·제본 | ㈜삼신문화

펴낸곳 | 인물과사상사
출판등록 | 제17-204호 1998년 3월 11일

주소 | 04037 서울시 마포구 양화로7길 4(서교동) 2층
전화 | 02-325-6364
팩스 | 02-474-1413

www.inmul.co.kr | insa@inmul.co.kr

ISBN 978-89-5906-566-0  03300

값 15,000원

이 도서의 국립중앙도서관 출판예정도서목록(CIP)은 서지정보유통지원시스템 홈페이
지(http://seoji.nl.go.kr)와 국가자료공동목록시스템(http://www.nl.go.kr/kolisnet)에
서 이용하실 수 있습니다. (CIP제어번호: CIP2020018755)